아이들을
어떻게
가르칠 것인가

Kyoiku no hoho © 2010, SATO manabu
Originally published in Japan in 2010 by Sayusha.
Korean translation rights arranged through Access Korea Japan, Seoul.

세계적인 **혁신 교육**의 선구자 **사토 마나부 선생**의

아이들을
어떻게
가르칠 것인가

사토 마나부 지음 | 박찬영 옮김

살림터

들어가는 말

　이 책은 변모하는 학교교육의 현실과 그 변화를 촉진하는 이론의 개요를 제시하고, 또한 교육방법학 영역의 최신 지식과 주요 논점에 대해서도 제시하고자 한다.

　교육방법에 대한 연구는 실천적인 성격을 지닌다. 아무리 풍부한 지식을 습득했다 하더라도 그것이 교실의 사건과 연결되지 않으면, 그리고 일상 수업을 창조하는 교사의 바람이나 수고와 연결되지 않으면, 게다가 교실에서 일어나는 아이들의 배움의 실제 모습과 연결되지 않으면 그 지식은 어떤 의미도 없다. 이 책에서는 학교개혁이나 수업실천, 어린이의 배움에 관한 전문적인 지식을 구체적인 이미지로 나타내고, 교실의 현실에 들어맞게 인식될 수 있도록 배려하였다.

'교육의 방법'에 관한 문제는 모든 이들에게 친숙한 사항이다. 누구나 유치원(어린이집), 초등학교, 중학교, 고등학교 등 학교와 교실에서 헤아릴 수 없을 정도로 많은 일을 겪어왔다. 교실의 풍경만큼 모두에게 익숙한 모습은 없을 것이다. 만일 같은 전문가의 일이라고 하더라도, 이 책의 내용이 '의료의 방법'이나 '변호의 방법'이라면 모든 것이 신선할 테고, 거의 대부분이 미지의 내용이자 처음 접하는 일일 것이다. '교육의 방법'을 배우는 것이 쉬우면서도 동시에 어려운 이유가 바로 이 점 때문이다. '교육의 방법'은 누구에게나 어떤 내용이나 가까이하기 쉽지만, 또한 그렇기 때문에 배우기 어렵다는 것도 알아두어야 한다.

'교육의 방법'을 배우기 어려운 것은 지금까지 우리들이 교실에서 일어나는 수많은 사건들을 체험해왔기 때문이다. 학교나 교실에 대한 체험이 많은 만큼 선입견이나 개인적인 신념도 강하게 고착되므로 새로운 발견이나 인식을 방해할 위험이 있다. 친밀함을 느끼며 많은 체험을 반복했기 때문에, 일반적으로 많은 사람들이 갖고 있는 선입견과 개인적인 신념은 완고하다. 따라서 교육에 대한 자신의 사고방식과 인식방식은 자신의 협소한 체험에 의해 형성된 편견과 왜곡으로 가득 차 있다는 것을 기억해둘 필요가 있다.

자신의 경험과 관련해서 배우는 것은 어떤 학문에서도 중요하다. 그러나 자신의 경험 테두리 안에서 사고하고 인식하는 것은 결코 학문적인 태도라고 말할 수 없다. 보다 잘 배우기 위해서는 자신에게 박혀 있는 선입견으로부터 자유로워져야 한다. 결국 어떤 학문의 배움이든 그것은 자신의 좁은 경험 틀에서 벗어나고, 상식의 틀에서도 벗어나서 새로운 사고방식과 관점으로 현실을 재인식하는 일이다. 바로 그때 여러분이 지금까지 겪은 경험은 비로소 의미를 지닐 수 있을 것이다. 이 책을 통해서 여러분 자신의 체험에 구애되지 않고, 새로운 관점으로 학교와 교실의 일을 다시 보았으면 좋겠다. 그래야만 비로소 이 책이 우리 모두에게 유익한 책이 될 것이다.

'교육의 방법'에 관한 지식은 폭넓게 걸쳐 있다. 교육방법학은 교육실천의 기초가 되는 지식을 제공하는 학문 영역이다. 교육연구는 크게 두 가지 영역, 교육현상의 과학educational science과 교육실천의 학문이라는 협의의 교육학pedagogy으로 나눌 수 있다. 교육현상의 과학이 취급하는 것은 교육사상의 과학적 인식이다. 교육심리학과 교육사회학, 교육사가 이 영역에 속한다. 그에 반해 교육실천의 학문인 '교육학'이 다루는 것은 교육자의 실천에 대한 판단과 선택을 지탱하는 지식과 견식이다. 거기서는 교육의 실천적인 문제 해결을 위해 다양한 분야의 이론과 지식이 종합적으로 활용된다. '교육의 방법'은 후자의 교육학으로서, 교사가 실천적인 문제 해결을 위해 활용하는 지식과 견식을 다루고 있다.

'교육의 방법'에 대한 반성은 '교육'이 개시된 이래 오랜 역사를 갖고 있다. 나아가 '교육의 방법'은 넓은 장르의 지식으로 구성되어 있다. 게다가 '교육의 방법'에 관한 이론과 지식은 교육실천이 지극히 복잡한 활동이기 때문에 복합적이고 애매하며 다양한 성격을 지니고 있다. 이 책에서는 이를 포괄하는 복잡한 이론이나 지식을, 가능한 한 흥미 있게 구조적·체계적으로 배울 수 있도록 고려해서 편성했다.

오늘날, 많은 사람들이 학교교육의 가치와 교사의 일에 대해 엄중히 따져 묻고 있다. 일본뿐만 아니라 세계의 학교교육은 커다란 전환기에 있다. 이 책은 교육과정과 수업, 배움에 대한 최신의 연구 성과를 알기 쉽게 제시하고 나아가 학교개혁의 논쟁적 과제에 대해서도 제기하고 있으며, 독자들로 하여금 교육의 사태와 현실 인식을 심화시키고 다양한 교육문제에 대해 깊이 사색할 수 있도록 기초적인 내용을 제공하고 있다. 이 책은 원래 '교육의 방법'이라는 방송대학 강의의 텍스트로 집필되었다. 이번에 방송대학 총서에 수록될 즈음에 새롭게 자료를 추가하고 수정 가필했다. 이 책이 교육에 대한 여러분의 적극적인 관심과 보다 확실한 탐구에 일조할 수 있기를 진심으로 바란다.

2010년 6월
사토 마나부

차례

제 1 장

수업과 배움의 세계로

1. 교실의 회상

수업과 배움의 세계는 어떤 경험일까? 학교 수업은 아이들에게 일
상적인 경험이다. 미국의 교육학자 필립 잭슨은 어린이 한 명이 초
등학교에 들어가서 고등학교를 졸업할 때까지 경험하는 수업시간
은 한 사람이 일생에 걸쳐 매주 일요일 오전을 교회에서 보내는 시
간보다도 길다고 말했다. 학교 수업은 인간이 경험하는 조직적인
시간 가운데 최대라고 말해도 좋을 것이다. 일본에서 태어나서 교
육받은 경우 초등학교에 입학해서 고등학교를 졸업할 때까지 약 1
만 2,000시간의 수업을 경험한다.

이처럼 수업과 배움의 세계는 우리들 한 명 한 명에게 경험의 기억으로서 존재하고 있다. 시험 삼아, 단 한 시간의 수업이라도 기억에 남는 수업을 떠올려보자. 머릿속에 떠오른 기억이 초등학교 수업인가, 중학교 수업인가, 아니면 고등학교 수업인가? 그 수업은 어떤 교과 가운데 어떤 내용의, 어떠한 활동의 수업인가? 그리고 그 수업은 여러분에게 왜, 그렇게 인상적인 수업으로 기억되고 있는 것일까?

나는 지금까지 강의를 듣는 이들에게 여러 번 이러한 질문을 던져보았다. 그 결과 한 시간이라도 기억에 남는 수업을 떠올릴 수 있는 학생은 의외로 적었다. 대부분의 경우 그 수는 전체 학생의 20~30퍼센트에 그쳤다. 가장 많이 기억하는 것은 초등학교 수업이었다. 그 다음은 고등학교 수업, 가장 적은 것이 중학교 수업이었다. 교과에 대해서는 어느 교과도 특히 두드러진 경향은 없었지만, 뭔가를 조사하거나 발표하거나 친구와 다른 의견을 교환하거나 무엇인가에 대해 깊이 탐구한 경험을 많이 이야기하였다. 이러한 경험을 한 시간이라도 상기할 수 있는 학생은 행복한 학교생활을 누린 학생이라고 말해도 좋을 것이다.

'기억에 남는 수업'이 단 한 시간도 없었다고 하는 학생에게는, "여러분에게 1만 2,000시간에 이르는 수업 경험은 어떤 의미가 있다고 생각합니까?"라고 물었다. 이것은 매우 어려운 질문이다. 희미한 인상밖에 떠오르지 않을지라도 그 시간들이 결코 무의미하지는 않을 것이다. 본인이 알아차리지 못하는 사이에 틀림없이 무엇인가 기능을 다해왔을 것이다. 그 점을 헤아리는 것이 매우 중요하다.

어쨌든 1만 2,000시간은 방대한 시간이다. 이 많은 시간이 교사에게도 어린이에게도 애매하고 분명치 않은 일상적인 시간으로 체험되고 있다. 수업이라는 행위의 특징 가운데 하나는 이 애매한 일상성에 있다고 말해도 좋을 것이다. 그 때문일까? 우리들은 지루한 수업을 너무도 많이 경험해왔기 때문에, '활기찬 수업'이나 '드라마가 있는 수업'을 몽상으로 여기는 경향이 있다. 실제 텔레비전이나 소설에 등장하는 학교에서는 '살아 있는 활기찬 교실'이나 '드라마가 있는 수업'이 과장되어 흥미를 끌고 있다. 하지만 상식적으로 생각해보면, 1만 2,000시간이라는 수업을 비일상적이고 극적인 경험으로 진행하는 것은 불가능하다. 만약 그러한 수업을 추구한다면 교사도 학생도 지쳐버릴 것이다.

교실을 관찰해보면 쉽게 알 수 있듯이, 아이들은 '활기찬 수업'을 통해 배우고 자라는 것이 아니며, '드라마가 있는 수업'으로 배우고 자라지도 않는다. 한층 더 일상적인 작은 일들을 쌓아감으로써 아이들은 잘 자라고, 교사도 일상적인 작은 일들을 쌓아감으로써 많은 가치 있는 교육실천을 창조한다. 나는 교육의 방법에 대해 탐구하는 것은, 이러한 일상적인 작은 일 가운데 교육의 보다 좋은 본연의 모습을 탐구해가는 노력이라고 생각한다.

2. 교실의 풍경

이제, 학교 교실로 들어가 보자. 아이가 최초로 체험하는 학교는
유치원이다. 수년 전, 도쿄 도 다이토 구台東區에 있는 어느 유치원
에서 입학식 다음 날 3세 반 모습을 비디오로 녹화한 적이 있다. 전
날 입학식 때는 어머니, 아버지와 함께 등원해 온 유아들이 이날은
혼자서 유치원 생활을 시작하였다. 입학식 다음 날의 유치원은 유
아들이 처음으로 경험하는 사회이며 처음으로 자립적인 생활을 경
험하는 장소이다. 그날 하루 촬영한 기록은 우리들에게 많은 것을
가르쳐준다.

우선 가정에서의 부모와 자식 관계와 학교에서의 교사와 아이
관계는 다르다. 부모와 자식 관계의 기본은 신체접촉을 포함하는
애착 관계이다. 3세 정도 되면 부모와 아이의 관계도 언어를 주고
받는 의사소통이 중심이 된다. 그렇지만 부모와 자식은 신체접촉
을 포함한 친밀한 사적인 관계로 맺어져 있다. 부모 자식의 관계는
만질 수 있는 관계touchable relation라고 말해도 좋을 것이다. 그러나
학교에서의 교사와 아이 관계는 신체접촉을 거의 포함하지 않는
관계이다. 교사는 아이들에게 언어와 눈빛으로 의지와 감정을 전
하고, 아이도 언어와 눈빛으로 의지와 감정을 전해야 한다. 교사와
아이의 관계는 신체접촉을 포함하지 않는untouchable 언어와 눈빛이
라는 공적인 관계인 것이다.

가정생활에서 갑자기 학교생활로 보내진 3세 유아들이 접촉하는 관계에서 접촉하지 않는 관계로, 애착의 관계에서 언어와 눈빛의 관계로, 다시 말해서 부모와 아이라는 사적인 관계에서 교사와 아이라는 공적인 관계로 바로 전환될 수 있는 것은 아니다. 사실, 3세 유아들 대부분은 각자 뿔뿔이 흩어져 뭔가 놀이 도구를 찾아 활동을 시작하는데, 이때 그들은 교사는 물론, 친구와도 소원한 관계를 그대로 취하고 있다. 홀로 놀이 활동조차 시작하지 못하고, 꼼짝 못하고 멍하게 서 있는 유아도 있다. 한 시간도 안 되어 교사의 눈을 피해 집으로 돌아가버렸다가 할아버지를 따라 다시 교실로 돌아온 남자아이도 있다.

그렇지만 이 하루를 거치며 유아들은 저마다의 방법으로 학교생활을 시작했다. 예를 들면 이 반에서는 중국어밖에 할 수 없는 남자아이가 한 명 있었다. 아이는 자기 말이 통하지 않는다는 것도 모르는 채, 다른 남자아이들과 슈퍼맨 놀이를 즐기고, 중국어로 교사에게 말을 걸며 점심식사와 귀가 채비에 도움을 받았다. 머지않아 이 아이는 중국어가 통하지 않는 어려움과 싸우며 조금씩 일본어를 습득하면서 교사와 다른 아이와의 관계를 만들어가겠지만, 이날은 언어의 벽을 알아차리지 못한 채 당당하게 하루를 보냈다. 또 다른 신경질적인 남자아이는 입학식 때는 긴장해서 어머니에게 매달려 울고 있었지만, 이날은 자신을 위협하지 않는 가장 어린 여자아이에게 바싹 붙어서 조금씩 놀이의 세계로 들어갔다. 또한 꼼

짝 않고 서서 눈물을 글썽거리던 여자아이가 있었다. 아이는 홀로 떨어진 쓸쓸함에 몇 번이나 눈물을 흘렸다. 그러나 얼마 안 있어 자기보다 나이 많은 5세 아이가 "귀여운 주름 장식이네, 너 누구야?" 하고 묻자, 그 아이 곁에 달라붙어 가재가 들어 있는 금속 대야 옆에 주저앉아 함께 가재를 만지며 얼굴 가득 웃음을 지었다. 또 다른 여자아이는 다른 아이와 어떤 접촉도 없었지만 스코프를 한 손에 들고 모래놀이를 즐기면서 즐거운 유치원 생활을 시작하였다. 게다가 이 여자아이는 모래로 된 놀이터에 물을 갖다 부어놓고 신발이 더러워질 것 같으니까 신발장에서 다른 남자아이 신발을 꺼내 갈아 신고 흙탕물 속에서 놀더니, 약삭빠르게 깨끗한 신발을 신은 채 집으로 돌아갔다.

이 3세 아이들의 기록이 보여주듯이 학교는 하나의 사회다. 아이들은 도구나 친구를 매개로 거기에 참가하고 거기서 자신의 정체성을 만들며 여러 활동을 통해 배우고 성장한다.

초등학교 교실의 풍경은 유치원의 풍경과 다르다. 요코하마 시에 있는 어느 소학교 4학년 교실을 관찰해보자. 아이들은 요코하마 시에서 개발한 만안지역 '항구미래21'에 대해 조사한 것을 이 교실에서 교류하고 있다. 칠판에 펼쳐져 있는 요코하마 시 지도에는 현재 요코하마 시 3분의 1이 개발에 의한 매립지로 나타나 있다. 그 앞에는 아이들이 만든 '항구미래21'의 모형이 걸려 있고, 35명의 아이들은 칠판을 향해 나란히 놓인 책상과 의자에 앉아서 배우고 있다.

수업의 주제는 에도 시대부터 현재에 이르는 요코하마 시 개발의 역사를 배우고, '항구미래21' 개발의 특징을 밝히는 데 있다. 교사는 에도 시대와 근대(메이지 다이쇼)와 현대라는 세 시기에 들어맞는 개발의 담당자와 내용의 변화를 묻고 있다. 아이들은 조사한 결과와 자료를 바탕으로 발언하고 의견 교환을 하면서, 에도 시대에 시행되었던 개발이 '요시다 신덴吉田新田'이라는 독지가 개인의 간척에 의한 농지 개발이며 근대의 개발은 정부나 행정에 의한 공장의 개발이라는 것을, 현대의 '항구미래21'은 기업과 행정의 협력에 의한 무역과 상업, 관광의 개발이라는 것을 밝히고 있다.

　중학교 교실은 어떠할까? 후지 시 중학교 1학년 교실의 국어 수업을 관찰해보자. 제재는 전시하의 독일, 헬가(독일 여성)와 프리드리히(유태인 남성)의 약속 이야기이다. 학생들은 헬가가 두 사람이 만나는 장소를 왜 마을 공원에서 숲으로 옮겼는지, 프리드리히가 헬가를 만나러 간 것이 좋은 일인지, 아니면 가지 않는 것이 좋은 일인지에 대해 이야기를 나누었다. 프리드리히가 만나러 가면 독일 병사에게 잡혀 수용소에 연행될 위험이 있다. 그러나 헬가는 프리드리히를 기다리고 있다. 이 장면을 둘러싸고 모둠별로 의견을 검토하고 학생 한 명 한 명이 다양하게 개성적인 해석을 발표한다. 남자아이는 프리드리히의 입장에서 여자는 헬가의 입장에서 각각 실제 상황을 상상하면서 고운 마음을 자아내는 의견이 계속된다. 남학생들이 쑥스럽게 낭만적인 순정을 표현하자, 여학생들 사이에서는 밝은 웃음 띤 목소리가 들려온다. 끝으로 교사는 유태인 수용소의 모습을 기록한 프랑클의 『밤과 안개』의 한 구절을 소개하고, 당시 수용소의 식사를 재현한 수프를 학생들에게 보여주면서 수업을 마쳤다.

이처럼 유치원과 초등학교, 중학교 교실의 풍경은 다르다. 이 세 교실에서는 교사와 아이 모두가 자연스럽게 유연한 신체와 언어로 수업이 전개되고 있었다. 하지만 그 반대의 교실도 있다. 권위적이고 명령적인 교사의 지시와 발문으로 수업이 전개되고, 학생은 형식적으로 응답하는 교실도 있다. 반대로 교실의 질서가 혼란하고, 소란스럽고 통제 불능인 교실도 있다. 같은 교실이라고 하더라도 천차만별이다.

수업은 아이들이 교사의 도움을 받아가며 학습 과제를 달성하는 과정으로 전개된다. 이 과정에서 교사도 아이도 여러 복잡한 딜레마를 경험한다. 과제에 어려움을 느낀 아이들은 불안한 표정을 짓고 어깨를 축 늘어뜨리며 자신 없는 기색을 보인다. 그러한 아이들이 "모르겠습니다." 하고 교사에게 질문하는 경우는 드물다. 수업의 전개를 가로막고 질문하면 다른 아이들의 학습을 정지시키게 되고 자신의 자존심도 다칠지 모른다.

따라서 교사는 아이들이 당황하거나 곤혹스러워하지 않는지 세심한 주의를 기울이면서 수업을 해나간다. 앞에서 기술한 세 교실을 보면, 어떤 교사든 아이의 중얼거림이나 메시지를 민감하게 받아들이고 꼼꼼히 대처하는 모습을 확인할 수 있다. 우리들은 대개 교사의 활동을 말하는 것을 중심으로 생각하는 경향이 있다. 그러나 아이들이 편안하게 참가하여 배움의 활동을 전개하고 있는 교실에서는 교사의 에너지 중심이 '말하기'보다 오히려 '듣기'를 중심으로 전개되고 있음을 알 수 있다. 수업 중 교사의 활동은 아이의 활동을 지시하거나, 교육내용을 설명하거나, 질문을 던지거나, 그 응답을 평가하는 활동으로 일관하고 있는 것처럼 보이지만, 실제는 더욱 복잡한 활동임을 짐작할 수 있다.

3. 수업의 세계, 배움의 세계

어린 시절부터 가까이해 왔기 때문일까? 일반적으로 '가르친다'는 것을 누구나 할 수 있는 단순한 일로 생각하는 경향이 있다. 그러나 교육 실습생 대부분이 교단에 선 바로 그 순간 패닉 상태에 빠지고 만다. 그만큼 '가르친다'는 것은 정신이 아득해질 정도로 복잡한 일이다. 아무리 용의주도하게 준비하려고 해도 시나리오대로 수업이 진행되지 않고, 잇따라 예측 불가능한 일이 일어난다. 교사는 그 일에 대해 그 자리에서 바로 대처해야만 한다. 게다가 교실에 서른다섯 명의 아이들이 있다면 서른다섯 가지의 해법이나 실패가 생긴다. 그 한 가지 한 가지에 대처하면서 수업을 전개하는 교사의 일은 신기에 가깝다고 말할 수 있다. 물론 지극히 완벽한 수업을 달성하는 교사는 없지만, 적어도 교단에 선 사람은 교사 일의 복잡함을 숙지하고 그 일의 기초가 되는 지식이나 이론을 습득해 두어야 한다.

교사 측에서 보면 수업의 과정은 '수업 디자인', '수업실천', '수업평가' 세 단계로 나눌 수 있다. 그 중심은 수업실천이다. 그리고 수업실천은 교사와 교재, 아이들의 상호작용에 의해 전개된다. 이 상호작용에 의해 일어나는 교실의 일은 복잡하다. 교실의 의사소통은 교사의 의도에 따라 디자인된 교사와 아이들 사이의 의사소통, 그리고 그 과정에 복잡하게 들어오는 아이들 상호 간의 의사소통으로 구성된다. 교실의 의사소통은 개인적인 과정임과 동시에 대인관계에서 생성하고 발전하는 협동적이고 사회적인 과정이다.

이 의사소통 과정에는 몇 가지 어긋남이 생긴다. 그중에서도 '가르치는 것'과 '배우는 것' 사이의 어긋남이 중요하다. 교사는 자신이 가르친 것이 그대로 아이들에 의해 학습된다고 생각하는 경향이 있지만, 교사가 가르치는 것과 아이가 배우는 것이 일치하는 경우는 오히려 드물다. 교사의 활동은 이 어긋남을 통찰하고, 교실에서 생긴 일의 의미를 성찰하며, 교사가 가르치고 있는 일의 의미와 아이가 배우고 있는 일의 의미 관계를 조직하는 것을 중심으로 전개되고 있다.

아이들 측에서 보면 수업의 과정은 교재와 대화하고, 교사와 대화하고, 친구와 대화하고, 자기 자신과 대화하면서 교육내용을 이해하고 습득하는 과정이다.

이와 같은 복잡한 대화적 관계 가운데 한 가지라도 지장이 있으면, 수업과정에 참가하는 것도 다른 아이들과 사고와 표현을 교류하고 공유하는 것도 곤란해진다. 게다가 교실에서 운영하는 수업과정은 몇 가지 약속이나 관행적인 절차에 따라 조직된 일련의 시스템을 구성하고 있다. 발언 순서나 발표 방식, 공책 필기 방식 등 많은 암묵적인 규칙들이 교실을 지배하고 있다. 수업이라는 시스템은 이러한 명시적 혹은 암시적인 약속을 통해 아이들의 배움을 규제하고 참가를 촉진하거나 막거나 한다.

하지만 수업이라는 세계는 아무리 시스템이나 프로그램으로 통제하고자 하더라도 살아 있는 교사가 살아 있는 아이를 대상으로 운영하고 있는 생물과 같은 세계이다. 교사와 아이의 숨결이나 몸짓이나 거동, 나아가서는 말 하나하나가 교실의 공기와 관계를 바꾸고 아이의 학습 경험의 깊이와 풍성함을 규제한다. 교육의 방법을 배우고자 하는 이는 하나의 소우주로서 교실의 일을 성찰하고 수업을 창조적으로 재인식할 필요가 있다.

제 2 장

변모하는 교실

1. 전환기의 학교

학교는 지금 역사적인 전환점에 서 있다. 우리들이 현재 학교라고 부르는 제도와 기능은 19세기에 제도화되고 20세기에 보급된 근대 학교로서 특징을 지닌다. 그리고 근대 학교는 국민국가의 통합과 산업주의 사회의 발전이라는 두 가지 사회적 요청에 의해 구성되고 발전해왔다. 국민국가의 창설과 병행해서 제도화된 학교는 모든 국민에게 동일한 교육내용을 제공하고 언어와 역사, 도덕을 공유하는 국민을 형성하여, 국가 통합의 문화적 기초가 되었다. 한편 산업주의 사회의 발전은 지식과 기술을 전수하고 유능한 노동자를 효율적으로 양성하는 학교교육의 보급에 의해 달성되어왔다.

그러나 현재 일본을 포함한 여러 선진국의 근대 학교의 두 가지 입각 기반은 크게 흔들리고 있다. 세계화에 의해 각국의 정치와 경제, 문화는 국민국가의 조직을 뛰어넘어 세계화되고 있다. 그에 따라 공교육제도를 국가가 관리하고 통제하는 시스템이 붕괴되고, 교육개혁에 있어서 지역 분권화와 규제 완화가 추진되고 있다. 국가의 중앙집권적 관리에 의해 유지되어왔던 공교육은 지금은 지역 공동체 부문과 시장 부문으로 이양되고 있는 중이다.

산업주의 사회로부터 후기산업주의 사회로의 전환도 학교교육의 내용과 방법에 큰 변화를 초래하였다. 20세기 초 이래 산업주의의 발전은 학교교육과정과 수업에 막대한 영향을 끼쳐왔다. 교육과정과 수업을 학년제와 교과제에 의해 조직하고, 교육 목표를 정함에 따라 교육 프로그램을 전개하고, 수업과 학습과정을 효율적으로 조직하여, 그 결과를 시험으로 평가하는 학교교육의 과정과 구조는 대공장 조립 라인의 생산 공정이나 경영 시스템과 동형의 구조를 나타낸다. 생산 목표를 정하고, 작업을 단계적·직선적으로 계통화하고, 효율적인 달성을 추구하여, 그 결과를 시험에 의해 품질 관리하는 조립 라인 시스템이 학교교육의 경영과 조직, 실천의 기본이 된 것이다.

세계화에 따라 선진 여러 국가는 산업주의 사회에서 후기산업주의 사회로 급속하게 이행되고 있다. 산업주의 사회는 물건의 생산과 소비가 시장경제의 중심을 이루는 사회였다. 이에 반해 후기산업주의 사회는 정보나 지식, 대인 서비스가 시장경제의 중심이 된다. 후기산업주의 사회는 지식기반 사회라고 불리는 것처럼 지식이 고도화·복합화·유동화된다. 산업주의 사회는 다수의 단순노동자와 일부 지적 엘리트에 의해 구성되는 피라미드형 노동시장을 형성하였다. 그러나 후기산업주의 사회에서는 공장노동을 중심으로 한 단순노동 시장은 개발도상국으로 이전되어 격감하고, 고도의 지식과 정보를 다루는 지식노동과 대인 서비스를 수행하는 전문직 업무가 노동시장을 형성한다. 게다가 그러한 노동에 필요한 지식과 기술은 유동화되고 계속해서 변화한다. 사람들은 학교에서 배울 뿐만 아니라 생애에 걸쳐 계속 배우는 학습사회에서 생활하게 된다.

이와 같은 역사적 전환점에서 학교교육의 내용과 방법도 큰 전환점을 맞게 되었다. 과거 20년간 세계의 학교와 교실의 풍경은 현저하게 변했다. 구미 여러 국가의 학교를 방문해보면, 칠판과 교탁이 있고 책상과 의자가 한쪽 방향으로 나란히 놓여 있으며, 교사가 교과서를 중심으로 설명하고 학생이 필기하는 수업 풍경은 이미 박물관에 들어가버렸음을 알 수 있다. 20명 전후의 학생이 4, 5명씩 책상에 앉아 특정 주제를 중심으로 창조적·탐구적으로 협동학습을 수행하는 장소로 교실이 변화하고 있다. 많은 자료가 활용되고 교과서는 보조자료 가운데 하나일 뿐이다. 교사는 배움의 디자이

너와 촉진자 역할을 다하고 있다. 지식과 배움이 양에서 질로 전환하고, 소정의 지식과 기능을 습득하는 배움에서 창조적인 사고와 의사소통에 의해 질 높은 본질적인 내용을 탐구하고 발표하며 공유하는 배움으로 변화하고 있다.

2. 세계의 교실, 일본의 교실

세계의 교실 변화를 몇 개의 사례를 통해 살펴보자. 사진 2-1은 미국 보스턴 시 교외의 공립 초등학교 4학년 수학 수업 풍경이다. 이것은 이미 미국에서 일반적인 풍경이라고 말해도 좋을 것이다. 이 교실에서는 스무 명의 학생들이 네 명씩 테이블에 둘러앉아 모둠으로 배우고 있다. 제재는 '평균치'이다. 중간치와 평균치의 차이와 표준편차에 대해 수식과 그래프를 사용해서 서로 이야기하고 있다. 초등학교 4학년에게는 고도의 내용이지만 협동하고 탐구함으로써 개인학습이나 일제학습으로는 도달할 수 없는 배움을 가능하게 하고 있다.

▶ 2-1 보스턴 시 교외의 초등학교

이 교실 풍경은 20세기 초두에 등장한 신교육운동의 연장선에 있다. 사진 2-2와 2-3은 1927년 뉴욕에 신교육을 도입한 어느 교실의 변화를 보여주고 있다. 이 두 사진은 같은 교실을 같은 각도에서 촬영하고 있다. 사진 2-2에서는 책상과 의자가 볼트로 고정되어 있고 약 50명의 남자아이가 따로 떨어져 바른 자세로 앉아 있다. 볼트로 고정된 책상과 의자는 1950년경까지 일반 학교의 흔한 풍경이었다. 사진 2-3에서는 책상과 의자의 볼트를 풀고 약 30명의 남자아이와 여자아이가 함께 소집단을 형성하여 테이블을 에워싸고 작업을 하며 협력하면서 배우고 있다. 이와 같은 교실의 변화는 전전과 전후의 신교육운동에 의해 점차 미국 전체 학교로 널리 보급되었고, 지금은 일반적인 풍경이 되었다.

유럽은 어떨까? 사진 2-4 는 프랑스 파리 교외 초등학교 3학년 교실의 수학 수업 풍경이다. 네 자릿수 십진법식에 의한 표현을 배우고 있다. 프랑스는 유럽에서도 가장 전통적인 수업 양식이 뿌리 깊은 나라라고 한다. 그러한 프랑스에서도 이 사진에서처럼 4~5명씩 이루어진 소집

▶ 2-2/ 2-3 교실의 변모
1927년 무렵 뉴욕의 초등학교(같은 교실)

단 협동학습을 중심으로 하는 수업으로 변화하고 있다. 유럽의 도시 교외에는 현재 다수의 이민이 쇄도하고 있다. 이 교실도 예외 없이 프랑스 국적을 가지지 않은 아이들이 80퍼센트를 차지하고 있다.

사진 2-5는 독일 북부 공업도시 도르트문트 교외 지역의 초등학교 1학년 교실 풍경이다. 토끼를 주제로 하여 총합학습이 이루어지고 있다. 이 교실의 절반은 둥글게 앉아 서로 이야기를 나누는 공간으로 되어 있고, 나머지 절반은 네 명씩 구성된 모둠으로 협동학

▶ 2-4 파리 교외의 초등학교

▶ 2-5 독일의 초등학교

습을 하는 공간으로 되어 있다. 이 교실도 그리스나 터키에서 온 이민자 아이들이 많고 독일 국적의 어린이는 두 명밖에 없다. 교실에서의 문화적 다양성이 협동학습 중심의 수업 풍경의 기초가 된다.

교실의 변모는 세계 각국에서 동시 병행적으로 진행되고 있다. 바야흐로 칠판과 교탁을 중심으로 책상과 의자를 한쪽 방향으로 나란히 놓고 교과서 설명과 이해를 중심으로 전개되는 수업 풍경은 구미를 위시한 선진국에서는 박물관에나 있다고 해도 과언이 아닐 것이다. 그에 반해 일본을 포함한 동아시아 국가나 동남아시아, 아프리카 등의 개발도상국에서는 아직도 전통적인 교실 풍경과 전통적인 수업 양식이 지배적이다.

일본 학교를 구미 학교와 비교하면 학교의 기능에 차이가 보인다. 구미 학교는 지식교육을 중심으로 하는 수업학교이다. 구미에서는 인간성과 도덕의 교육은 교회와 가정의 권한으로 되어 있고, 구미 학교는 과학적 지식을 교수하는 지식교육에 한정되어왔다. 그에 반해 일본 학교는 부국강병 정책에 따라 국가주의 아래 제도화되어 보급되었기 때문에 '인재 육성'의 기능이 중심 목적이며 인간성 형성과 도덕교육의 기능을 강조하고 있다. 일본 학교에 운동회 등의 행사나 입학식, 전교 조회 등의 의식이 많고 학급모임이나 어린이모임, 학생회가 많은 것은 그 때문이다. 일본 학교의 교사와 학생의 활동은 그만큼 광범위에 이르는 복잡한 활동으로 조직되어 있다.

그러한 일본의 교실에서도 조금씩 변화가 나타난다. 누가 말을 시작한 것도 아닌데 교실에서 교단이 사라졌고, 총합학습을 중심으로 소집단에 의한 협동학습이 확대되었으며, 교실의 책상과 의자 배치도 'ㄷ' 자 모양이나 부채꼴 모양, 테이블 형식으로 변하고 있다.

3. 21세기 교실의 풍경

21세기의 학교교육 전망을 살피는 데 있어 흥미 있는 평가 결과가 있다. 2000년에 시작된 OECD PISA 평가 결과이다. 이 국제학력평가는 최초 2000년 평가에서 OECD 28개 가입국과 비가입 4개국의 15세 학생을 대상으로 실시되었다. OECD는 현재 아이들이 어른이 되는 2020년에는 가입국이 산업주의 사회(물건 생산과 소비가 경제 중심인 사회)에서 후기산업주의 사회(지식과 정보, 대인 서비스가 경제 중심이 되는 사회)로 이행하고, 공장노동자가 노동시장을 점하는 비율이 높은 국가라 하더라도 10퍼센트, 낮은 나라는 2퍼센트로 격감할 것으로 예측한다. 후기산업주의 사회는 지식이 고도화·복합화되고 게다가 유동화되는 지식기반사회이다. 지식을 응용하고 활용하며 계속 배우는 창조적인 능력이 요구된다. PISA 평가는 후기산업주의 사회에서 필요한 학력을 종합 문해력, 수학적 문해력, 과학적 문해력이라는 세 분야로 나누어 평가하고 있다. 그 가운데 2000

년에는 종합 문해력을 중심으로 학력 평가가 이루어졌다.

| 표 2-1 OECD PISA 평가 종합 문해력 평균 |

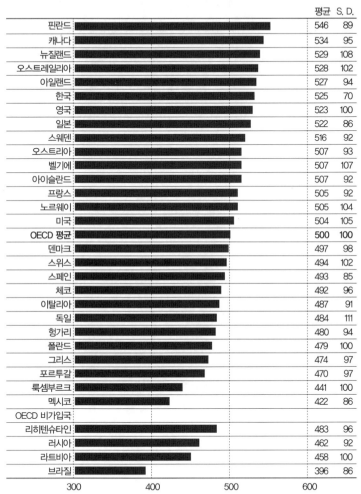

	평균	S. D.
핀란드	546	89
캐나다	534	95
뉴질랜드	529	108
오스트레일리아	528	102
아일랜드	527	94
한국	525	70
영국	523	100
일본	522	86
스웨덴	516	92
오스트리아	507	93
벨기에	507	107
아이슬란드	507	92
프랑스	505	92
노르웨이	505	104
미국	504	105
OECD 평균	500	100
덴마크	497	98
스위스	494	102
스페인	493	85
체코	492	96
이탈리아	487	91
독일	484	111
헝가리	480	94
폴란드	479	100
그리스	474	97
포르투갈	470	97
룩셈부르크	441	100
멕시코	422	86
OECD 비가입국		
리히텐슈타인	483	96
러시아	462	92
라트비아	458	100
브라질	396	86

300 400 500 600

출전: The Finnish Success in PISA-And Some Reasons Behind it OECD, PISA

표 2-1은 종합 문해력 평가 결과를 나타내고 있다. 1위는 핀란드(546점), 2위는 캐나다(534점), 3위는 뉴질랜드(529점), 4위는 오스트레일리아(528점), 5위는 아일랜드(527점), 6위는 한국과 영국(523점), 그리고 8위는 일본(522점)이었다(OECD 평균은 500점이다). 핀란드는 압도적인 1위였다. 2위 캐나다에서 8위 일본까지는 큰 차가 없기 때문에 2위 집단을 형성하고 있다. 또한 지금까지 교육의 우수성을 자랑해왔던 독일은 21위로, 독일의 매스컴은 PISA 쇼크를 계속 보도하였다.

| 표 2-2 PISA 2006 평균득점 국제비교 |

	과학적 문해력	득점	종합 문해력	득점	수학적 문해력	득점
1	핀란드	563	한국	556	대만	549
2	홍콩	542	핀란드	547	핀란드	548
3	캐나다	534	홍콩	536	홍콩	547
4	대만	532	캐나다	527	한국	547
5	에스토니아	531	뉴질랜드	521	네덜란드	531
6	일본	531	아일랜드	517	스위스	530
7	뉴질랜드	530	오스트레일리아	513	캐나다	427
8	오스트레일리아	527	리히텐슈타인	510	마카오	525
9	네덜란드	525	폴란드	508	리히텐슈타인	525
10	리히텐슈타인	522	스웨덴	507	일본	523
11	한국	522	네덜란드	507	뉴질랜드	522
12	슬로베니아	519	벨기에	501	벨기에	520
13	독일	516	에스토니아	501	오스트레일리아	520
14	영국	515	스위스	499	에스토니아	515
15	체코	513	일본	498	덴마크	513
16	스위스	512	대만	496	체코	510
17	마카오	511	그리스	495	아이슬란드	506
18	오스트리아	511	독일	495	오스트리아	505
19	벨기에	510	덴마크	494	슬로베니아	504
20	아일랜드	508	슬로베니아	494	독일	504
21	헝가리	504	마카오	492	스웨덴	502
22	스웨덴	503	OECD 평균	492	아일랜드	501
23	OECD 평균	500	오스트리아	490	OECD 평균	498
24	폴란드	498	프랑스	488	프랑스	496
25	덴마크	496	아이슬란드	484	영국	495
26	프랑스	495	노르웨이	484	폴란드	495
27	크로아티아	493	체코	483	슬로바키아	492
28	아이슬란드	491	헝가리	482	헝가리	491
29	라트비아	490	라트비아	479	룩셈부르크	490
30	미국	489	룩셈부르크	479	노르웨이	490
31	슬로바키아	488	크로아티아	477	리투아니아	486
32	스페인	488	포르투갈	472	라트비아	486
33	리투아니아	488	리투아니아	470	스페인	480
34	노르웨이	487	이탈리아	469	아제르바이잔	476

35	룩셈부르크	486	슬로바키아	466	러시아	476
36	러시아	479	스페인	461	미국	474
37	이탈리아	475	그리스	460	크로아티아	467
38	포르투갈	474	터키	447	포르투갈	466
39	그리스	473	칠레	442	이탈리아	462
40	이스라엘	454	러시아	440	그리스	459
41	칠레	438	이스라엘	439	이스라엘	442
42	세르비아	436	타이	417	세르비아	435
43	불가리아	434	우루과이	413	우루과이	427
44	우루과이	428	멕시코	410	터키	424
45	터키	424	불가리아	402	타이	417
46	요르단	422	세르비아	401	루마니아	415
47	타이	421	요르단	401	불가리아	413
48	루마니아	418	루마니아	396	칠레	411
49	몬테네그로	412	인도네시아	393	멕시코	406
50	멕시코	410	브라질	393	몬테네그로	399
51	인도네시아	393	몬테네그로	392	인도네시아	391
52	아르헨티나	391	콜롬비아	385	요르단	384
53	브라질	390	튀니지	380	아르헨티나	381
54	콜롬비아	388	아르헨티나	374	콜롬비아	370
55	튀니지	386	아제르바이잔	353	브라질	370
56	아제르바이잔	382	카타르	312	튀니지	365
57	카타르	349	키르기스스탄	285	카타르	318
58	키르기스스탄	322	미국①	m	키르기스스탄	311

① 미국에 대해서는 평가 실시 때 기술적 문제가 있어 종합 문해력 분석이 제외되어 있다.
② ▇▇▇▇▇ 는 OECD 비참여 국가 지역.
＊ 국립교육정책연구소(国立教育政策研究所, 2007)『살아가기 위한 지식과 기능(生きるための知識と機能)』(ぎょうせい)을 근거로 작성.

　표 2-2는 PISA 2006년 평균득점의 국제비교를 보여주고 있다. 일본의 학력 순위는 PISA 2000, PISA 2003, PISA 2006에서 저하 경향을 보여왔다. 종합 문해력에서는 8위, 14위, 15위, 수학적 문해력

은 1위, 6위, 10위, 과학적 문해력에서는 2위, 2위, 6위로 저하되었다.

PISA 평가에 따라 핀란드의 우수성에 세계 교육 관계자들의 관심이 집중되었다. 핀란드는 PISA 2000의 문해력에서 평균점수로 1위였을 뿐만 아니라 PISA 2003, PISA 2006에서도 최고 수준의 성적을 거두었다. 게다가 핀란드는 우수한 학력의 학생 비율이 가장 높고 학력 격차와 학교 간 격차, 지역 격차가 적은 점에서도 최고였다. 핀란드는 세계에서 가장 빈부 격차가 적은 나라이며 교육정책에서 평등의 원칙을 무엇보다도 철저히 구현한 나라이다. OECD와 핀란드 PISA 평가 관계자는 평등과 질 모두를 달성한 국가로서 핀란드를 높이 평가했다.

일반적으로 평등을 추구하면 교육의 질은 낮아지고, 교육의 질을 추구하면 평등이 무너진다고 생각해왔다. 그러나 PISA 평가 결과는 평등과 질이 대립하지 않는다는 것을 보여주었다. 사실 PISA 2000의 1위에서 8위까지는 모두 15세까지 차별과 선별 교육을 실시하지 않는 나라들이다. 그와 대조적으로 초등학교 4학년 단계에서 엘리트 교육과 대중 교육을 분리하는 독일 등의 나라는 평균점에서 하위였을 뿐만 아니라 얄궂게도 엘리트 교육에 의한 상위 집단의 성적에서도 엘리트 교육을 실시하지 않는 최고 수준의 나라들의 상위 집단보다도 하위에 머물렀다.

▶ 2-6 핀란드의 초등학교

핀란드에서는 어떠한 교육을 실시하고 있는 것일까?

사진 2-6은 헬싱키 교외 지역의 초등학교 교실 풍경이고, 사진 2-7은 유바스키라의 중학교 교실 풍경이다. 모두 PISA 평가에서 좋은 성적을 올렸던 학교 교실이다. 핀란드는 인구수 500만 명, 국토 면적은 일본과 거의 같다. 아이의 거주지 5킬로미터 이내에 학교를 만든다는 법률이 있고, 학교 하나의 규모가 작은 것이 특징이다. 초등학교는 평균 60명 정도로, 많은 교실이 복식학급이다. PISA 평가에서 고득점을 얻은 캐나다나 오스트레일리아도 복식학급이 많은 나라다.

▶ 2-7 핀란드의 중학교

　사진 2-6은 초등학교 1학년과 2학년의 복식학급 교실이다. '지도 만들기' 학습을 하고 있는데, 1학년은 지역 지도를 만들고 2학년은 핀란드 지도를 만들고 있다. 복식학급에서는 같은 내용을 2년에 걸쳐 두 번 배우는 것으로 되어 있다. 같은 내용을 두 번 배우는 것은 비효율적이지만 학습 경험의 질은 고도화되어 학습 경험에 발전성이 생긴다. 후기산업주의 사회는 배움이나 지식의 '양'보다도 '질'이 요구되는 시대이다. 이 점이 PISA 평가 고득점 비밀 가운데 하나일지 모른다. 사실 캐나다 등에서는 학생 수가 많아도 복식학급으로 조직하고 있는 학교가 다수 존재한다.

사진 2-7은 유바스키라 중학교 1학년 교실의 세계지리 수업 풍경이다. 이 수업에서는 중남미 나라를 주제로 삼아 프로젝트 학습이 이루어지고 있었다. 학생들은 몇 명씩 집단을 조직하고 중남미 어느 한 나라를 선택해서 그 나라의 자연, 역사, 산업에 대해 조사하고 발표하는 학습을 전개하였다. 전체를 관통하는 주제로서 '왜, 중남미 나라는 빈곤에 시달리고, 경제가 불안정할까'라는 문제가 설정되어 있다. 이 물음에 대해 탐구하기 위해 일람표가 배부되고 각국의 수출품과 수입품의 일람을 만드는 작업이 이루어졌다. 학생들은 논의를 통해 농작물에 의존하는 나라는 기후 변화나 시장 변동의 영향을 받기 쉽고 그에 따라 경제가 불안정해진다는 것을 발견 학습으로 배우고 있다. 이처럼 프로젝트 학습으로 조직된 교육과정에서는 협동적이고 탐구적인 배움으로 고도의 복합적인 지식 형성을 추구한다. 이 또한 PISA 평가의 고득점 비결 가운데 하나이며 21세기 교실 풍경을 상징하는 것이라 말해도 좋을 것이다.

4. 핀란드 교육의 특징

지금까지 핀란드의 학력이 세계 1위를 차지하는 이유에 대해서 여러 가지가 언급되어왔다. 자주 듣는 말이 핀란드의 인구가 적다는 것이다. 확실히 핀란드는 면적은 일본과 거의 같지만 인구는

530만, 일본의 현 하나나 둘 정도의 규모에 지나지 않는다. 그렇지만 핀란드보다 작은 나라도 몇 개나 더 있으므로, 작은 나라라는 것이 이유가 되지는 않는다. 핀란드가 북구 복지국가 중 하나라는 것에서 정부의 교육비 예산이 많다고 예측하고 그것을 근거로 생각하는 사람도 많다. 그러나 핀란드 아이 1인당 공교육비도, 교사의 급여 수준도 OECD 가입국 평균 수준이다. 게다가 세계 1위의 학력 수준을 달성한 것은 핀란드가 교육 재원의 삭감을 단행하지 않을 수 없었던 1990년대 개혁 이후의 일이다. 나아가 어떤 사람들은 핀란드가 노키아로 대표되는 정보산업의 발전에 의해 비약적인 경제 발전을 이루었기 때문에 컴퓨터 교육과 정보 교육에 의해 21세기형 학력을 달성했다고 추측하기도 한다. 그러나 실제로 핀란드의 학교를 방문하여 조사해보면 정보 교육은 그렇게 활발하지 않다.

구미의 많은 교육 저널리스트들은 핀란드의 학력이 세계 1위인 근거를 이민자 학생 수가 적은 데서 찾았다. 확실히 핀란드는 오랫동안 이민을 받아들이는 데 소극적인 정책을 썼고 언어도 특수하기 때문에 미국이나 프랑스, 독일과 비교하면 이민자 자녀 수가 적은 것이 사실이다. 그러나 이러한 설명도 설득력이 있다고는 말할 수 없다. 왜냐하면 핀란드에서도 최근 도시를 중심으로 이민자 자녀 수가 급증하고 있는데, 그러한 급격한 변화에도 불구하고 학력 수준은 저하는커녕 오히려 계속 상승하고 있기 때문이다.

핀란드의 교육행정 관계자나 교육학자, 교사들은 학력 세계 1위의 비결에 대해 어떻게 말하고 있을까? OECD PISA 평가 보고서나 핀란드 국내 교육학자와 교육행정 관계자의 문헌, 심포지엄 보고 및 신문, 잡지 등의 기사를 살펴보면, 지금까지 언급되어온 학력 세계 1위의 비밀은 다음 네 가지로 요약할 수 있다.

첫째, 핀란드 사람들은 문해력(언어를 중심으로 하는 공통교양)에 대한 관심이 높다. 유럽 최북단에 위치하고 훈족 언어를 지닌 소수민족인 핀란드인은 제정 러시아 및 스웨덴의 식민지 역사를 갖고 있고, 1917년 러시아 혁명의 혼란기에 염원이었던 독립을 이루었다. 독립을 이룬 뒤에도 학술이나 예술, 문화의 영역에서는 오래도록 스웨덴어가 지배적이었다(『무민』-화가, 작가, 일러스트레이터, 만화가로 활동한 핀란드 태생 토베 얀손의 대표적인 동화: 역주-도 스웨덴어로 쓰였다). 핀란드어가 학술과 예술, 문화의 여러 영역에 침투하게 된 것은 전후의 일이었다. 그만큼 핀란드어에 의한 문해력의 형성은 핀란드인에게 각별한 의미를 갖고 있다. 식민지 시대에도 결혼할 때 필수조건 중 한 가지가 핀란드어로 읽고 쓸 줄 아는 것이었다고 한다.

이 전통은 교육에 대한 높은 관심, 작은 나라라고는 생각할 수 없는 풍요로운 출판문화, 세계 1위라고 여겨지는 충실한 도서관과 독서 습관, 사람들의 뛰어난 언어 능력에서 이어받은 것이다. 그중에서도 도서관의 충실한 네트워크는 부러울 뿐이다. 시가지를 걷다 보면 편의점보다 많지 않을까 싶을 정도로, 도서관 분실分室이 여기저기 아파트 등의 일실一室에 설치되어 있다. 핀란드인은 국민 1인당 연간 평균 스무 권 이상을 도서관에서 대출하고 있는데, 그것은 일본의 5배 이상이다.

핀란드인의 언어 능력이 뛰어난 것도 특징적이다. 핀란드의 공식 언어는 핀란드어와 스웨덴어이다. 스웨덴어를 말하며 살고 있는 사람들은 인구의 6퍼센트에 지나지 않지만, 학교에서는 이 두 가지가 국어로 교육되고 있고 공무원으로 취직하기 위해서는 두 가지 국어에 정통할 것이 요구된다. 아이들은 두 가지 국어에 더해 영어를 학습하고, 고등학교에서는 제2외국어를 학습하기 때문에 고등학교 졸업 시점에서는 4개 국어를 배우고 있는 셈이다.

둘째, 핀란드의 교육 관계자가 이구동성으로 학력 세계 1위의 비결로 드는 것은 평등한 교육제도이다. 핀란드 PISA 평가위원회 보고서는 성공의 비밀을 평등과 질을 동시에 추구한 것에서 찾는다. 핀란드의 평등 교육은 성적 하위자 수가 압도적으로 적고 성적 상위자 수가 많다는 특징을 보여주었을 뿐만 아니라, 성적 상위자의 성적이 엘리트 교육의 탁월성을 자랑해온 독일의 김나지움 학생보다 높은 수준에 있다는 쾌거를 달성하였다. 핀란드의 교육개혁은 1970년대 이후 평등 교육의 실현을 중추로 삼아 일관되게 전개되었다. 핀란드는 1970년대에 중등교육의 능력별 편성 제도tracking system를 폐지하고, 종합제 중학교comprehensive school를 실현하였으며, 1980년대에는 중학교와 고등학교에 잔존하고 있었던 능력별 학급 편성을 폐지하여 세계에서 가장 평등한 교육제도를 실현했다. 그 뒤에도 교육 평등을 실현하는 개혁은 계속되었고, 학력 수준의 학교 간 격차, 지역 간 격차가 가장 적은 나라로 전진했던 것이다.

셋째, 교사교육의 질이 높다는 것을 지적할 수 있다. 핀란드 교사는 모두 석사학위 취득자이다. 선진국의 교사교육은 현재 대학원 수준이 표준으로 되어 있지만 석사학위 취득을 교사교육의 기준으로 하고 있는 나라는 핀란드뿐이다. 핀란드에서 교원면허의 기초자격으로 석사과정 수료를 의무로 부여한 것은 1995년이지만, 석사과정의 교사교육을 표준으로 삼은 개혁은 1985년에 개시되었으니 20년 전에 이미 대학원 수준의 교사교육을 달성하고 있었던 것이다. 게다가 핀란드의 교사는 급여가 그렇게 높지는 않지만(OECD 평균 수준), 교사에 대한 존경이나 교사의 사회적 지위는 높고, 교육학부 입학은 경쟁률이 10배에 이르고, 고등학생을 대상으로 하는 졸업 후 희망 진로에 관한 조사에서도 교직이 1위일 정도여서, 아주 우수한 청년들이 교직에 들어온다. 이와 같이 높은 교사교육 수준과 교사의 우수성이야말로 학력 세계 1위의 최대 근거라고 말할 수 있을 것이다.

핀란드의 교육 관계자가 말하는 학력 세계 1위의 비밀은 그 밖에도 많이 있다. 탄생하는 순간 담당 의사가 배속되는, 어린이 건강을 보장하는 충실한 의료제도, 장애아 1인당 개별적 필요에 대응한

충실한 복지제도나 교육제도, 사회적으로 자립한 경제활동을 장려하는 충실한 기업가 교육, 누구나 진학이 장려되는 고등교육제도나 평생학습제도 등 구복지국가가 아니고서는 할 수 없는 교육과 배움의 인프라 정비가 학력 세계 1위의 비밀을 뒷받침하는 네 번째 기반이 되고 있다는 것은 의심할 수 없다.

나아가 여학생의 높은 학력 수준도 주목해야 할 것이다. PISA 평가 결과 핀란드 여학생은 종합 문해력에서 발군의 성적을 거두었고, 통상적으로 남학생이 우위를 차지하는 수학적 문해력과 과학적 문해력에서도 세계 1위의 수준으로 남학생과 동등한 성적을 달성하고 있었다. 대통령도 교육부장관도 주요 기업의 사장도 여성이 맡는 나라다. 여학생의 학습 의지가 높아 좋은 성적을 내는 것은 당연하다 말할 수 있겠다.

핀란드의 교육개혁이 경제 위기 중에 진전된 것이라는 사실에 유의할 필요가 있다. 1989년에 베를린 장벽이 붕괴함에 따라 그때까지 NATO에 가입하지 않고 중립을 취하며 소련과 동구 여러 나라와 경제관계를 확대하고 있던 핀란드는 소련과 동구의 붕괴로 심각한 경제 위기를 맞았다. 1992년에는 실업자가 20퍼센트를 넘었고 국내 경제활동은 거의 마비 상태에 빠졌다. 그와 같은 미증유의 위기 속에서 29세에 불과한 올리페카 헤이노넨이 교육부장관으로 발탁되었고 교육 분야에서 학력 세계 1위를, 경제 분야에서 국제경쟁력 1위를 동시에 달성하는 교육개혁이 진행되었던 것이다.

제 3 장

수업 양식

1. 가르치는 행위의 두 가지 의미

가르치는 행위에는 두 가지 의미가 함축되어 있다. 하나는 지식과 기능의 전달이다. 특정 지식과 기능을 가르치는 수업에서 가르치는 행위는 통상 전달을 의미한다고 생각해도 좋을 것이다. 그러나 가르친다는 것은 전달만을 의미하지는 않는다. 가르친다는 말은 배우는 사람의 태도와 사고방식에 변화를 초래한다는 의미로도 사용된다. "○○ 씨에게 가르침을 받았습니다"라든가 "공자의 가르침에 의하면"에서의 '가르침'은 학습자의 변화를 촉구하는 의미를 나타낸다.

'가르친다'라는 행위의 이 두 가지 양식을, 미국 교육학자 필립 잭슨은 모방 양식mimetic mode과 변용 양식transformative mode이라는 개념으로 나타낸 바 있다.

모방 양식은 지식과 기능을 전달하는 의미의 가르치는 양식을, 변용 양식은 학습자의 변화를 촉구하는 의미의 가르치는 양식을 나타낸다.

모방 양식으로서 가르친다고 하는 행위의 기원은 최초의 교육자로 불릴 수 있는 고대 그리스의 소피스트에서 찾을 수 있다. 소피스트가 등장한 시대는 토지 소유를 둘러싼 소송에서 이기기 위해 변론술을 필요로 하고 변론술에 따라 통치하는 정치의 기술을 찾던 시대였다. 이러한 요청에 따라 소피스트들은 교사가 되었고 후원자인 귀족이나 시민에게 변론과 정치의 기술을 가르쳤다.

모방 양식을 철저히 한 이는 일제수업 양식을 제시한 17세기 보헤미아의 교육자 코메니우스이다. 코메니우스는『대교수학』(Didactica Magna, 1632)에서 "모든 사람에게 모든 것을 가르치는 보편적 방법"을 제시하였다. 그것은 인쇄 기술의 유추에 의해 구상되었다. 인쇄기가 지식을 일제히 복제해서 대량으로 책을 만들어내는 것처럼 교육의 기술은 교과서의 지식(원판)을 교사의 목소리(잉크)에 의해 일제히 아이들(백지)에게 전하는 기술이라는 것이다. 코메니우스의『대교수학』에서 가르치는 기술은 모방 양식이라는 전달의 이미지를 가장 순수하게 표현한 것이라고 말해도 좋을 것이다.

'가르치다=전달'이라는 모방 양식의 개념은 19세기 이후 각국의 국민교육 제도화 과정에서 보급되었고, 20세기 산업주의를 배경으로 하는 생산성과 효율성을 찾는 학교교육에서 한층 더 철저해졌다. 대량의 지식을 효율적으로 전달하는 수업 양식을 보급한, 대공장 조립 라인과 같은 학교교육은 모방 양식으로서의 가르치는 행위를 지배적인 것으로 만들었다.

2. 『메논』의 교훈

변용 양식의 기원은 고대 그리스 소크라테스의 산파술에서 찾을 수 있다. 소크라테스는 산파술을 실천함으로써 소피스트들의 교육을 비판하였다. 소크라테스는 산파술이라는 교육방법에 의해 지식을 전달하고 있는 것이 아니다. 소크라테스는 학습자가 갖고 있는 지식이 얼마나 억견doxa에 사로잡혀 있는지 알아차리게 하고, 무지의 지를 깨닫게 하는 것을 교육의 목적으로 삼아 앎에 대한 학습자의 태도나 생활방식의 변화를 요청한 것이다.

소크라테스의 '가르치다'는 개념을 나타내는 것으로 플라톤의 저서 『메논』을 들 수 있다. 『메논』은 지식은 가르칠 수 있지만 지식을 가르친다는 행위는 학습자의 상기에 의해 성립되며 덕을 가르치는 것은 불가능한 행위라는 것을, 아테네를 방문한 메논이라는 청년 귀족과 소크라테스의 대화 형태로 생생하게 묘사하였다.

소크라테스는 메논에게 가르치고 배우는 행위의 의미를 알게 하기 위해, 우선 노예 소년에게 한 변이 2인 정사각형의 면적이 4임을 확인시키고, 이 정사각형의 변을 2배로 하면 면적이 얼마나 되는지 묻는다. 처음 변이 2배로 되면 면적도 2배가 될 것이라고 답한 소년은 소크라테스와 대화하며 변을 2배로 하면 면적은 4배가 된다는 것을 알아간다. 소크라테스는 이 과정에서 스스로는 아무것도 가르치고 있지 않다고 말하며, 자신이 행한 것은 지식을 전하는 것이 아니라 소년이 진실을 상기하도록 촉구한 것이었다고 강조한다. 소크라테스에 따르면 가르친다는 행위는 학습자의 상기를 불러일으키는 행위였던 것이다.

여기서 소크라테스는 메논의 패러독스라고 불리는 흥미로운 주제를 제시하고 있다. 즉, 사람은 대상에 대해 알지 못하면 그 대상에 대해 아는 것이 불가능하다는 것이 『메논』에서 제시한 진실이다. 이는 기묘한 패러독스이다. 통상은 알지 못하는 것을 안다고 생각하는 경향이 있지만, 소크라테스는 어떤 일을 알지 못한다고 한다면 그 일에 대해 물음이나 관심을 가지는 것이 불가능하기 때문에 알지 못하는 것을 아는 것은 불가능하다고 말한다. 사람은 이미 알고 있는 것을 아는 것이며, 안다고 하는 행위는 알고 있는 것을 상기함으로써 달성된다는 것이다. 바꿔 말하면 가르친다는 행위는 학습자의 상기라는 행위 속에서밖에 성립하지 않는다는 것이 소크라테스의 결론이다.

소년을 대상으로 가르치는 과정을 실연하고 지식을 가르치는 것이 가능함을 메논에게 보여준 소크라테스는, 덕이 지식이라면 덕을 가르칠 수 있지만 현실에서 덕을 가르치는 것은 불가능하다는 것을 메논에게 깨닫게 한다. 왜냐하면 덕을 가르치는 행위는 교사와 학습자 사이에 성립하는 법이지만, 덕을 가르치는 데 어울릴 만한 유덕한 인물은 현실에는 존재하지 않기 때문이다.

『메논』에서 보여준 소크라테스의 '가르치다'는 개념이 가르친다는 행위의 가능성과 불가능성에 대한 깊은 통찰에 의해 제시되고 있다는 것은 흥미로운 사실이다. 교사의 가르치는 행위는 근본적으로 학생의 배움에 의해 성립하는 것이다.

소크라테스의 산파술에서 기원한 '변용 양식'의 '가르치다'는 개념은 20세기에 아동중심주의 신교육의 실천과 이론 가운데 계승되었다. 아동중심주의 수업의 혁신운동에서는 지식 전달의 효율성과 생산성보다는 학습자의 창조적 사고나 자기실현의 가치가 중시되었다. 변용 양식은 학습자의 정체성 추구에 근거한 '가르치다'의 개념인 것이다.

3. 모방 양식과 변용 양식의 성격

모방 양식 수업의 전형은 오늘날 중국, 한국, 북한, 대만, 일본, 홍콩, 싱가포르와 같은 동아시아 구유교권 국가의 학교에서 현저하게 나타난다. 이들 동아시아 국가는 구미 여러 국가가 수백 년에 걸쳐 달성해온 근대화 과정을 국가주의의 효율과 경쟁을 원리로 한 학교교육에 의해 겨우 100년, 혹은 수십 년 만에 급격하게 이루었다. 이들 동아시아 국가의 학교는 다인수 교실에서 칠판과 분필, 교과서에 의한 일제수업 양식이 지배적이다. 게다가 이들 나라의 학교교육에서는 개성과 창조성보다 정답과 효율이 중시되는 경향이 있다.

물론 구미형 수업이 변용 양식이고 동아시아형 수업이 모방 양식이라고 단정하는 것은 지나치게 단순하게 이해하는 것이다. 같은 미국 내에서도 소수자나 저소득층이 많은 지역의 학교에서는 모방 양식의 수업이 지배적이다. 즉 모방 양식과 변용 양식의 대립은 한편으로는 아시아형과 구미형이라는 지역 차를 나타내고 있지만, 다른 한편으로는 계급과 계층에서의 교육적 차이를 나타내고 있다.

두 가지 양식의 성격 차이는 모방 양식과 변용 양식이 각각 배움에서 무엇을 중핵으로 하고 있는지를 생각하면 한층 선명해진다.

모방 양식의 배움을 지탱하는 것은 모방이라는 개념이다. 배움이라는 일본어가 '흉내'에서 파생하고 있는 것처럼 배움에서 모방은 결정적으로 중요하다. 중국어에서도 학습이라는 낱말은 모방이라는 의미를 포함하고 있다. 구미에서도 사정은 비슷하다. 모방 양식의 모방은 고대 그리스 이래 '미메시스=모방·재현'의 전통을 계승하고 있다. 이러한 전통은 서양철학의 인식론의 근간을 형성하고 있고, 미메시스를 기반으로 해서 에피스테메episteme도 나왔다. 배움의 근저에 모방이 있는 것은 동서고금의 변치 않는 진실이라고 말해도 좋을 것이다.

그에 반해 변용 양식의 배움의 근저에는 정체성 탐구가 있다. 개성과 독창성 추구가 변용 양식의 배움의 근간을 이룬다. 이 관념이 근대 낭만주의에 의해 발전했던 것은 분명하다. 인간의 내면 발견과 자기 발견 및 근대의 주체 형성이 변용 양식을 발전시켰다. 그런 의미에서 모방 양식과 변용 양식은 역사적인 개념이기도 하다.

4. 두 가지 양식의 대립

모방 양식은 효율과 정답을 추구하는 가르치고 배우는 양식이며, 변용 양식은 개성과 독창성을 추구하는 가르치고 배우는 양식이었다. 이 두 양식에 대해 어느 쪽이 좋고 나쁜지, 어느 쪽이 옳고 그른지와 같은 시각을 취하지 않는 것이 중요하다. 하버드대학교의 인지심리학자 하워드 가드너는 이를 인식시켜 줄 수 있는 일화를 자신의 책『마음을 열다』 서문에서 적고 있다.

가드너 부부가 한 살 반 된 아들을 데리고 베이징을 방문했을 때의 일화다. 중국 호텔에서 일본의 료칸처럼 긴 막대가 붙어 있는 열쇠를 건네받았다. 이 열쇠에 흥미를 보인 가드너 부부의 아들은 열쇠에 붙어 있던 막대를 빙글빙글 돌려보고 발돋움을 하고 열쇠 구멍에 자물쇠를 끼워 직접 열어보려고 하며 놀고 있었다 한다. 부부는 이 놀이를 아이의 창조성이 드러난 것으로 여기며 즐겁게 바라보고 있었다. 그때 불쾌한 일이 일어났다고 한다. 마침 그곳을 지나던 중국인이 놀고 있는 아이 손에서 열쇠를 잡아채어 문은 이렇게 해서 여는 것이라며 일방적으로 가르쳤던 것이다. '가르친다'고 하는 중국 문화의 일단을 상징하는 풍경이다. 가드너는 이 체험과 그 다음 날 방문한 베이징의 초등학교에서 겪은 충격이 더해지면서 그가 느낀 불쾌한 생각이 서양 전통에 근거한 편견에서 나온 것이라고 고백하였다.

가드너는 베이징의 초등학교에서 수묵화 수업을 관찰했는데, 어떤 아이든 대나무나 금붕어, 닭을 능란하게 표현하고 있었다. 수묵화의 전통에서는 견본이 있고, 대나무나 금붕어, 닭을 그리는 방식이 정해져 있어, 아이들은 그 견본과 기술을 모방해서 배우고 있었던 것이다. 이와 같은 모방은 가드너가 교육을 받았던 구미의 미술교육 전통에서는 창조성과 정반대에 있는 것으로 금기시되고 있다. 그 때문에 고등학교 단계에서도 베이징 초등학생처럼 대나무나 금붕어, 닭을 정밀하게 그리는 학생은 극소수밖에 없다. 가드너 부부가 전날 호텔에서 체험한 '가르치는 문화'에 대한 불쾌감은 문화적 편견으로서 반성될 필요가 있다고 말하는 것이다.

가드너는 여기서 잭슨이 분류한 모방 양식과 변용 양식 두 가지를 가리키면서 이 두 양식을 모두 살릴 방법을 찾아야 한다고 문제를 제기하였다. 지식과 기능 습득을 목표로 하는 모방 양식과 정체성 확립을 목표로 하는 변용 양식은 구미와 아시아라는 지역적 문화의 차이를 나타내고 있지만, 서로 배울 필요가 있다는 것이다. 가드너는 같은 책에서 자신의 성장과정을 되돌아보는 작업도 수행하였다. 미국으로 망명한 유태인 가족으로서의 생활, 유소년 시절부터 피아니스트가 될 수 있도록 교육받은 가정교육, 하버드대학교에서 에릭슨의 지도에 따른 심리학에 대한 자각, 예술심리학에 대한 경도, 피아제와 레비스트로스(문화인류학자)에 의해 평가받았던 심리학 연구, 교육 연구에 대한 관심과 인지심리학자로서의 행보 등 그와 같은 교육 체험의 모든 것에 '정체성 탐구'가 관통하고 있다고 가드너는 쓰고 있다. 같은 책 말미에 가드너는 모방 양식과 변용 양식을 통합하는 방법을 탐구하고, 그 다음 해에는 그 내용을『마음을 열다』속편으로 출판했으면 한다는 바람을 썼다. 그 책의 제목은『문을 열다』이다. 그러나 그 책은 지금까지 출판되지 않았다. 모방 양식과 변용 양식의 통합은 쉬운 일이 아닌 것이다.

5. 일본의 학교문화

일본의 학교교육을 되돌아보면, 제도에서도 실태에서도 생산성과 효율성을 추구하는 모방 양식이 지배적이라는 것은 분명하다. 그러나 이러한 현실과는 정반대로 일본의 교사들이나 아이들이 개성과 독창성을 추구하는 변용 양식의 수업과 배움을 강하게 동경했던 것도 사실이다. 두 가지 양식을 제시하고 어느 하나의 선택을 강요받는다면 대부분의 교사와 아이들은 변용 양식의 수업과 배움을 선택할 것이다. 그렇지만 변용 양식의 수업과 배움을 달성하려고 하더라도, 우리의 의식과 신체는 깊은 곳에서 모방 양식의 전통에 사로잡혀 있다.

오늘날 학교교육의 가장 큰 특징은 이 두 가지 양식의 분열에 있다. 현실의 제도와 실태에서의 모방 양식과 이상과 동경으로서의 변용 양식의 분열이다. 실제 일본의 수업과 배움을 검토해보면 중국이나 한국의 수업과 배움보다도 변용 양식의 성격이 강하고, 구미 나라의 수업과 배움보다도 모방 양식의 성격이 강한 특징을 보여준다.

가드너의 탁견대로 모방 양식과 변용 양식의 통합은 쉬운 일이 아니다. '문을 열다'라고 하는 과제는 바로 일본의 학교교육 과제라고 말해도 좋으리라고 생각한다.

제 4 장

수업의 역사 (1)

― 유럽과 미국

1. 근대 이전의 교육

교육의 방법에 대한 자각과 반성의 성립은 고대 그리스 철학자들의 사색에서 보인다. 아테네 도시국가는 정치의 공적 공간에 참가하는 시민의 교육을 요청하고, 아카데메이아(기원전 385년 성립)라고 불리는 학교를 세웠다. 고대 그리스의 교육은 두 가지 계기에 의해 성립하였다. 하나는 민주정치의 성립이고 다른 하나는 문해력 literacy의 보급이다.

고대 그리스의 교육은 소피스트에 의한 수사학 교육과 소크라테스에 의한 대화 교육이라는 두 가지 전통을 형성하였고, 플라톤의『국가』에 의해 정치 주체가 되는 철인의 교양이 제시되었으며, 아리스토텔레스에 의해 도시국가의 시민교육이 제창되었다. 특히 이 후자의 두 사상은 중세 유럽의 수도원과 대학의 교양교육에 영향을 끼쳤다.

중세 유럽의 교육은 기독교 수도원에서 원형이 형성되었다. 근대의 교육과 배움은 진보와 발달을 그 특징으로 하지만, 근대 이전 수도원의 교육과 배움은 수양이 특징으로서 '깨달음과 구원'을 목적으로 하였다. 아우구스티누스의『교사론』(389)에서는 교사를 위한 말의 수사학이 제시되고, 교사의 언어는 신의 언어를 대행하는 것으로 간주되었다.

12세기가 되자 성 빅토르 수도원에서는 수행의 형태로 독서가 성립되고 학습론도 성립되었다. 배움이란 독서에서 명상으로 도달하는 여행으로 간주되고, 독서가 음독에서 묵독으로 이행하는 과정을 거쳐 타자의 목소리는 내면화되고 '자기' 개념도 성립되었다. 나아가 13세기가 되자 수도원의 강의 형태도 변화하였다. 교사의 말을 제자가 귀 기울여 듣는 형태를 대신하여 알파벳으로 구술필기를 하는 학습 형태가 보급되고, 토마스 아퀴나스를 창시자로 하는 오늘날과 같은 학문의 강의 형태도 성립하였다.

13세기가 되자 상업 발전에 의한 문화 교류가 자유도시와 시민을 형성하고 대학을 성립시켰다. 볼로냐대학은 자유도시 최초의 대학이었다. 중세 수도원과 대학의 교육내용은 교양에 의해 자유인을 형성한다는 의미로 교양교육(liberal arts, 자유7과)이라고 불렸다. 자유7과는 세 가지 수사학(문법, 수사학, 변론술)과 네 가지 수학(산수, 기하학, 천문학, 음악)으로 구성되었고, 그 뒤 엘리트 교육의 전통을 형성하였다.

구텐베르크에 의한 인쇄술의 발명(15세기)과 루터, 칼뱅에 의한 종교개혁(16세기)은 교육에 혁명적인 변화를 초래하였다. 고가의 양피지 책에 라틴어로 필사되어 비밀리에 전해졌던 학문의 지식은 인쇄술의 발명으로 훨씬 싼값의 종이 책에 모국어로 대량 인쇄해서 보급될 수 있었다. 그리고 프로테스탄트는 종교개혁을 통해 교육에 의한 구원을 내세우고 의무교육의 필요성을 제안한다. 교회에서 교의문답서catechism를 사용함으로써, 종교적인 계율과 읽고 쓰기를 가르치는 민중교육도 종교개혁 이후에 점차 보급되었다.

2. 코메니우스의 『대교수학』

근대적인 일제수업 양식을 최초로 구상한 이는 모라비아(현재의 보헤미아)의 후스파 종교개혁 지도자였던 얀 아모스 코메니우스이다. 코메니우스는 1632년에 최초의 교수학 이론서로 거론되는 『대교수학』을 저술하고 "모든 사람에게 모든 것을 가르치는 보편적 방법"으로 일제수업 양식을 제기하였다. 일제수업 양식이 인쇄술의 유추에 의해 구성되었다는 것은 흥미로운 일이다. 코메니우스는 학교가 '인쇄기'이며, 아이들은 '백지'이고, 교과서는 '활자'이며, 교사의 목소리는 '잉크'라고 썼다. 그리고 자신의 교수학didactik을 낱말 인쇄술typograhia과 결합시켜 교쇄술didacographia이라고 표기했다. 마치 인쇄기가 대량의 지식을 인쇄해서 다수의 사람들에게 제공했던 것처럼 학교교육도 대량의 지식을 일제수업에 의해 다수의 아이들에게 제공할 수 있다고 생각했던 것이다.

코메니우스가 『대교수학』을 지은 배경에는 모라비아의 정치적·경제적·문화적 위기가 있었다. 오랜 세월에 걸쳐 합스부르크가의 지배하에 있었던 모라비아의 민중은, 30년 전쟁(1618~1684)으로 인한 전란과 페스트로 많은 사람이 죽고 병드는 비참한 상황에 처해 있었다. 코메니우스는 조국의 독립과 평화를 원해 종교개혁을 추진하고, 민중을 무지로부터 해방하여 천년왕국을 세울 것을 꿈꿨다. 코메니우스는 혁명가로서 위험시되어 국외로 망명하였다. 그는 망명지 네덜란드에서 당시 상식을 깨고 모국어인 보헤미아어로 『대교수학』을 썼으며, 이후 라틴어로도 집필하였다.

『대교수학』은 오늘날 학교교육의 기초가 되는 구조를 체계적으로 서술하고 있다. 이 책에서는 어머니학교, 모국어학교, 라틴어학교, 대학의 네 단계 학교체계를 제시한다. 이는 오늘날 유치원, 초등학교, 중등학교, 대학에 대응한다. 코메니우스는 교육내용으로 범지학이라고 불리는 백과사전과 같은 지식 체계화를 시도하였다.

▶ 4-1 『세계도해』 중의 「학교」(헤이본샤 라이브러리 중에서)

그는 그 범지학을 기초로 해서 『세계도해』라고 불리는 세계 최초의
교과서를 집필하였다(그림 4-1).

　코메니우스의 교수이론은 베이컨으로 대표되는 귀납적 인식
론을 기초로 한다. 베이컨은 『학문의 진보』(1605)와 『신오르가논』
(1620)에서 선입견과 편견이 사물을 그릇되게 인식케 한다고 기술하
고, 시각적 경험에 의해 사물 그 자체를 아는 경험적 인식론을 주장
하였다. 코메니우스는 이와 같은 귀납적인 경험적 인식론을 답습
하고 실물수업이라는 방법으로 발전시켰다.

그렇지만 코메니우스가 구상한 학교는 현실에서 실현되지 않았다. 그가 구상한 학교는 대략 2세기 정도 지난 뒤에는 근대학교로서 구체화되고 세계 각국에 보급되었다.

3. 일제수업의 성립

오늘날 일제수업의 직접적인 기원은 17세기에서 18세기에 걸쳐 영국의 벨과 란카스터가 개발한 조교법monitorial system에서 찾을 수 있다. 조교법을 나타내는 두 그림에서 그 특징을 살펴보자.

그림 4-2에서 아이들은 둥글게 서서 교사가 이야기한 말을 귀에서 귀로 차례차례 전달하고 있다. 둥근 원 사이에 몇 명인가 조교(모니터)가 있어 말을 정확하고 원활하게 전달할 수 있도록 돕고 있다. 그림 4-3은 큰 강당에 많은 아이들이 앉아 있다. 가운데 맨 앞에 교사가 서 있고 아이들의 왼편에 조교 몇 명이 서 있다. 조교는 교사의 말을 스피커처럼 따라 말해서 전한다. 조교는 아이들 가운데에서 선발되거나 교사 길드의 도제가 맡았다고 한다. 이처럼 조교를 매개로 일제히 수업을 실행하는 방식을 조교법이라고 한다.

조교법은 수업을 효율적·경제적으로 실시하는 방법으로서 고안되었다. 18세기의 영국은 산업혁명에 의해 많은 아이가 공장 일에 동원되던 시대였다. 아동노동으로 내몰린 아이들은 일요일이 되면

▶ 4-2 조교법(1)

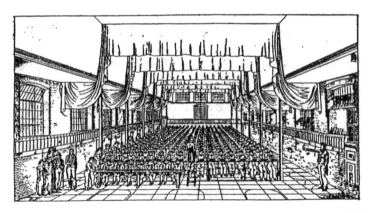

▶ 4-3 조교법(2)

마을을 배회하며 온갖 악행을 저질렀다. 거기서 교회를 중심으로 아이들을 한 곳에 모아, 일상의 도덕과 간단한 읽기와 쓰기를 교의 문답서를 이용하여 싼값으로 가르칠 필요가 생겼다. 조교법이 성립된 배경에는 산업혁명 이후 대중교육의 필요와 보급이 있었다고 전해진다.

최근의 연구는 벨의 조교법이 또 다른 배경에서 성립된 사정을 밝혔다. 벨은 영국의 조교법을 보급하기 전에 동인도회사의 영사로서 인도의 아슈람(힌두교 수도원)에서 현지의 소년을 모아 괴뢰 정부의 군대 교육을 시켰다. 이 괴뢰 정부의 군대 교육에서 전개되었던 것이 그림 4-2에 나타난 조교법이었다. 즉 조교법은 문화 식민지화에서 성립되고 보급되었던 것이다.

4. 국민교육의 수업 형태

시민사회의 성립은 자유로운 시민교육에 의해 현실화되었다. 존 로크의 『교육에 관한 성찰』(1693)이나 장 자크 루소의 『에밀』(1762)은 계몽사상에 의한 시민교육의 필요성을 제시하고 시민사회의 실현을 준비하였다.

스위스의 교육자 요한 하인리히 페스탈로치는 루소의 『사회교육론』과 『에밀』에 심취해 혁명운동에 참가하지만, 프랑스 혁명 뒤

의 스위스 농촌은 도덕의 혼란과 빈곤 문제가 심각하였다. 페스탈
로치는 사회 해방이 언제나 인간 해방으로 이어지는 것은 아니라
는 현실에 직면한다. 그는 혁명가에서 교육자로 변신하여, 가부장
제 가족을 모델로 하는 교육애教育愛의 탐구와 '직관'에서 '개념'의
형성으로 이끄는 교육에 의한 주체 내면으로부터의 해방을 추구하
였다. 노이호프나 슈탄츠에서 그가 빈곤 아동을 대상으로 한 교육
실천은 각국에서 국민교육을 실현하는 추진력이 되었다(그림 4-4 페

스탈로치 학교). 그 사상은 『은자의 황혼』으로, 그 경험은 『게르트루트는 어떻게 그의 아들을 가르치는가』 등의 저서로 집필되었다. 특히 생활을 도야한다고 하는 생활교육 사상과 '수·형·어'를 교육내용으로 하는 기초교수 방법은 이후 국민교육의 내용과 방법의 기초를 준비하였다.

페스탈로치의 기초교수와 직관교수의 방법을 학문적으로 체계화하고 제도화한 것은 프로이센·독일의 요한 프리드리히 헤르바르트였다. 헤르바르트는 쾨니히스베르크대학에서 칸트의 후임 자리를 맡은 철학교수였다. 젊은 시절 페스탈로치 학교를 방문한 뒤 깊은 감명을 받고, 윤리학과 심리학으로 그 교육의 기초를 마련함으로써 교육학을 학문적으로 체계화하고 국민교육의 이론적 기초를 마련하였다. 헤르바르트는 『일반교육학』(1806)에서 모든 교수가 품성의 도야(인격교육)로 통합되는 교육적 교수를 제창하고 교육 목적을 윤리학으로 기초로 하였으며, 다른 한편으로 페스탈로치의 '직관에서 개념으로'의 과정을 '명료, 연합, 계통, 방법'이라는 형식적 단계의 연합심리학으로 근거를 마련하였다. 이렇게 헤르바르트는 국민이라는 주체를 형성하는 국민교육의 학교를 제도화하고, 그 기술을 원리적으로 통제하는 언설을 만들어냈다.

헤르바르트주의의 칠러와 라인은 헤르바르트의 형식적 단계를 '방법적 단원'과 '5단계 교수'라는 교수방법으로, 교육적 교수를 중심통합법(중심 교과 「문학과 역사」를 중심으로 여러 교과의 내용을 통합하는 방식)

이라는 교육과정 작성 방법으로 구체화하고, 사범학교에 의한 교원 양성의 길을 열었다. 그중에서도 라인이 제시한 5단계 교수는 일제수업의 보급을 추진하는 기반이 되었다. 라인은 헤르바르트에게서 학습자의 인식 심리과정으로 정식화되어 있던 형식적 단계를 교사의 수업 절차로 바꾸어 '예비, 제시, 비교, 총괄, 응용'의 5단계로 정리하였다. 이와 같은 교사의 수업 절차라는 교육방법 기술이 각국의 국민교육 수업의 정형을 낳았던 것이다.

5. 신교육에 의한 학교개혁

20세기에 들어오면 각국에서 신교육이라고 불리는 개혁운동이 전개된다. 그 출발점을 준비한 것이 스웨덴의 페미니스트 엘렌 케이가 쓴 『아동의 세기』(1900)와 미국의 철학자 존 듀이가 쓴 『학교와 사회』(1899)다. 『아동의 세기』는 "20세기는 아동의 세기"라고 선언한 책으로 유명하지만, 이 책의 매력은 오히려 여성 해방과 어린이 교육을 동일한 과제로서 논한 데 있다. 이 책은 '부모를 선택할 아이의 권리'에 관한 논의에서 시작한다. 아이가 부모를 선택할 수 없는 부조리가 아이의 불행의 원인이 되는 셈이다. 케이는 이와 같은 부조리의 해결책을 모든 여성에게 성애를 제일의第一義로 하고 연애를 근본원리本義로 하는 결혼을 보장하는 것에서 찾았다. 이러한 주장은 사랑에 의한 자연도태라는 우생학적 진화론에 의해 뒷받침된 것인데, 그 점을 제외하면 그녀의 주장은 오늘날에도 신선함을 잃지 않는다.

『아동의 세기』를 읽으면 국민국가와 가부장제 가족이라는 두 가지 억압 장치로부터 어린이를 해방하는 것이 20세기 교육의 중심 과제였음을 재인식할 수 있다. 케이는 어린이에 대한 과보호와 체벌을 비판하고, 평화교육의 의의를 반복해서 강조한다. 어린이에 대한 과보호와 체벌이야말로 가부장제 가족의 억압과 폭력의 상징이며, 전쟁이야말로 폭력 장치로서의 국가의 상징이기 때문이다.

케이는 어린이와 어른이 인격의 존엄과 정신의 자유에 의해 연결된 가정과 학교를 요청했다. 그녀는 가부장제 가족을 모델로 하여 조직된 학교는 모두 해체해야 한다고 주장했다. 학교의 유일한 목적은 학교가 없어져도 살 수 있는 사회를 만드는 것이라고 하였다. 『아동의 세기』가 제기한 '새로운 학교'는 모든 '학교적인 것'을 불식시킨 가정학교였다. 부모가 지역에서 연대하고 아이를 교육하는 장소로서 가정학교를 만드는 것, 거기서 케이는 다음 세기의 학교를 전망했던 것이다.

듀이의 『학교와 사회』도 아동을 중심으로 한 논리로서 20세기의 교육개혁을 전망하였다. 이 책은 듀이가 1896년에 시카고대학교에 창설한 작은 실험학교의 보고서였다. 케이와는 달리 듀이는 학교에서 새로운 가정을 찾지 않았다. 듀이가 학교에 요청한 것은 '새로운 사회'이며, '민주주의의 배아'를 기르는 '새로운 공동체'였다.

듀이는 가정생활이나 지역의 문화활동과 연속하고, 산업사회의 노동이나 대학의 지적인 탐구와도 연속하는 다양한 배움의 경험을 학교에 조직하였다. 그리고 개성적이고 탐구적이며 표현적인 아이의 활동이 민주주의 사회를 실현하는 개인과 공동체를 기르는 학교를 전망했던 것이다. 듀이가 개설한 학교는 19세기에 성립해서 보급된 국민교육제도의 학교와는 전혀 다른 학교였다. 교실에는 칠판과 분필, 교과서 대신 작업대와 도구가 들어가고 학교생활의 중심에 창조적인 작업이 조직되었고 지적인 탐구활동이 사회적으로 조직되었다. 듀이스쿨의 실험은 불과 8년 만에 막을 내렸지만, 학교를 배움의 공동체로 조직하고 민주주의 사회를 준비하는 사상은 그 뒤 많은 사람에게 계승되어 학교개혁의 원류 가운데 하나가 되었다.

미국의 신교육은 진보주의교육이라 불린다. 진보주의교육은 듀이스쿨의 실험을 출발점으로, 1910년대에는 아방가르드 예술가들을 교사로 맞아 아동중심주의를 철저히 했던 뉴욕의 시티앤컨트리스쿨이나 월던스쿨Walden School 등 아동의 상상력 발달을 창조적인 표현활동으로 추구한 많은 혁신적인 학교를 낳았다.

▶ 4-5 놀이학교(play school)의 한구석에서

1924년에 조직된 진보주의교육협회는 사립학교를 중심으로 전
개되었던 아동중심주의 교육을 공립학교에 보급시키는 역할을 했
다. 한편 컬럼비아대학교에서 듀이의 사상을 간명하게 보급한 킬
패트릭은 목적 지향적 활동을 단위로 하는 프로젝트 학습법을 개
발했다. 나아가 진보주의교육은 1920년대에는 자기표현을 추구하
는 예술교육과 함께 관찰과 실험을 기초로 하는 과학교육의 실천
을 낳았고, 1930년대에는 문제 해결적 사고에 의한 사회과 교육의
실천을 낳았다.

유럽 또한 각국에서 신교육의 도전이 일어났고 다양한 학교가

창설되었다. 그중에서도 독일의 루돌프 슈타이너가 창설한 자유 발도르프학교(1919~)와 프랑스의 셀레스텡 프레네가 1920년에 교육실천을 시작한 프레네학교(1934~)는 오늘까지 지속되는 혁신 교육의 전통을 형성하고 있다.

슈타이너 교육은 슈타이너 독자의 인지학에 근거해서 정신과 신체, 예술과 과학을 종합한 특유의 교육방법을 만들었다. 세계의 형태와 운동을 신체의 움직임으로 표현하는 포르멘, 인간의 내면을 음악에 맞춰 신체로 표현하는 오이리트미, 교과 중심적 주제를 여러 날 연속해서 집중적으로 배우는 에포크 수업 등은 슈타이너 교육을 대표하는 교육방법이다.

프랑스의 프레네는 1차 세계대전에서 목소리에 장애를 입었기 때문에 교실에 인쇄기를 들여와서 새로운 교육방법을 개발하였다. 프레네학교에서는 교사가 교단에서 교과서를 해설하는 수업 대신 아이 스스로가 생활 속에서 발견한 일을 자유로운 글쓰기로 표현하고 교류하는 교육을 전개하였다. 교실에 축적된 자유로운 글쓰기는 주제마다 정리되고 학습문고로 활용되며 프레네교육을 실천하는 다른 학교 아이들과 학교 간의 통신에 의해 교류되었다. 아이는 새로운 생활과 문화를 창조하는 주체이고 학교와 교실은 문화를 창조하는 배움의 공동체이며 학교와 학교는 아이의 배움을 유대로 하는 네트워크로 결합된다.

6. 효율주의 교육

19세기 중반에 국민교육의 제도화에 수반하여 보급된 일제수업 양식은 20세기에 들어서자 산업주의 이데올로기와 경영이론에 의해 한층 강하게 침투되었다.

산업주의 경영이론의 출발점이 된 것은 대공장 조립 라인을 개발한 테일러 시스템이다. 테일러는 조립 라인에 의한 대량 생산을 가능하게 만들기 위해 노동의 분업화를 도모함과 함께 작업을 균질적인 일방향 시간단위로 분할하고 목표와 평가에 의해 작업을 과학적으로 통제하여 효율화를 달성하는 시스템을 개발했다.

근대적인 노무관리 방법인 테일러 시스템은 직접적으로 학교 경영과 수업 전개에 영향을 끼쳤다. 시카고대학교에서 교육과정 연구의 과학화를 추진했던 보비트는 테일러의 『과학적 경영의 원리』(1911)를 그대로 원용해서 교육과정과 수업, 배움의 과정을 과학적으로 통제하는 방식을 제창하였다. 보비트는 테일러의 생산 목표를 교육 목표로 바꾸고 조립 라인의 맨 마지막 품질관리 평가를 교육과정의 최후 평가로 바꾸었다. 실제로 보비트는 학교는 공장이고 교장은 공장장, 교사는 작업원이며, 아이는 원료, 졸업생은 제품이라고 말했다. 학교라면 대공장을 떠올리는 우리들의 이미지는 역사적으로 근거가 있는 것이다.

보비트가 채용한 테일러 시스템은 20세기 전 세계 학교 구석구

석까지 침투하였다. 균질한 일방향의 시간으로 조직된 수업과 학습, 교과별로 분할되고 단계적으로 조직된 교육내용, 효율성과 생산성을 추구하여 설정한 교육 목표, 그리고 테스트에 의한 평가, 학교 경영에서의 분업조직 등은 그 전형이다.

일제수업의 효율성과 생산성 추구는 1910년대 이후 행동주의 학습심리학의 발전에 의해 뒷받침되었다. 행동주의 학습심리학은 학습을 객관적으로 관찰 가능한 행동의 변화로 파악했고, 학습은 자극에 대한 반응의 강화에 의해 성립된다고 보았다. 행동주의 심리학의 창시자로 간주되는 왓슨은 자극환경을 과학적으로 준비만 하면 모든 아이를 천재로 교육할 수 있다고 진심으로 생각했다. 왓슨을 위시한 행동주의 심리학자들은 이러한 신념을 기초로 해서 동물실험을 반복하고 그 실험 결과로부터 얻은 법칙에 근거해서 아이들의 학습을 조직했다. 1920년대부터 1930년에 걸친 손다이크의 학습심리학과 학력 평가, 1960년대에 교수기계를 개발한 스키너의 프로그램학습, 1970년대에 완전학습을 제창한 블룸 등은 모두 왓슨을 출발점으로 하는 행동주의 학습심리학을 계승하고 학습의 생산성과 효율성을 추구하였다.

7. 교육의 민주화와 기회 균등

 1960년대부터 1970년에 걸쳐 학교교육은 두 가지 사회 조류 속에서 전개된다. 하나는 소련의 인공위성 스푸트니크의 성공(1957)을 계기로 한 교육과정의 현대화 운동이고, 다른 하나는 미국의 공민권법 성립(1963)을 계기로 하는 교육의 기회 균등과 민주화 운동이다.

 교육과정 현대화는, 소련의 우주 개발에 위협을 느낀 미국에서 국가방위법이 제정되고 현대과학의 최첨단의 내용을 학교교육과정에 도입하는 개혁으로 전개되었다. 이 개혁의 기점이 된 것은 과학자와 교육심리학자가 교육과정에 대해 논의한 우즈 홀 회의였다. 제롬 브루너는 이들 논의를 『교육과정』이라는 책으로 정리했다. 이 책에서 브루너는 현대과학의 중심 개념은 어떤 발달 단계에 있어서도 배울 수 있고, 교육과정은 과학적 개념을 중심으로 하는 '나선형 교육과정'으로 조직되어야 한다고 했다. 이후 일선 과학자가 교과서 집필에 들어오고 수학 교과서SMSG나 생물 교과서BSCS 등이 개발되었다.

 거의 동시에 미국학교는 공민권법의 성립에 따라, 인종 차별 교육segregation을 폐지하고, 차별을 극복하는 학교교육의 존재를 탐색하였다. 또한 교육의 민주화와 기회 균등의 실현을 구하는 개혁운동이 유럽 여러 나라에서 전개되고, 트래킹(진로별, 능력별 편성)이 폐지되며, 보통교육과 직업교육을 학교에서 종별화하지 않는 종합제

중등학교comprehensive school 운동이 일어났다.

  유럽의 중등학교는 전통적으로 대학 진학의 엘리트 교육과 직업학교에 진학하는 중급 교육과 그 이하의 교육으로 학생을 나누는 3개 시스템을 기본으로 하고 있었다. 예를 들면 영국에서는 11세 아이에게 지능검사를 실시하여 성적이 좋은 아이는 문법학교Grammar School, 중간 정도의 아이는 기술학교Technical School, 하위의 아이는 현대학교Modern School에 배속하였다. 이러한 영국의 수준별 편성 시스템은 노동당 정책에 의해 폐지되었고, 1970년대에는 세 유형의 학교를 통합한 종합제중등학교로 이행되었다.

  그러나 독일, 오스트리아, 스위스와 같이 종래의 수준별 편성 시스템의 통합을 충분히 추진하지 못한 나라도 존재한다. 독일에서는 종합제중등학교가 10퍼센트 정도에 그치는데, 지금도 초등학교 4학년 단계의 성적으로 아이들을 세 가지 유형의 학교(종합학교GesamtSchule, 실업학교RealSchule, 주요학교HauptSchule)에 나누어 보낸다. 교육의 민주화와 기회 균등의 실현은 현재에도 여전히 교육개혁의 중심 주제 가운데 하나다.

제 5 장

수업의 역사 (2)

── 일본

1. 근대학교와 수업의 성립

일본의 근대학교 성립은 1872년「학제」의「학사장려에 관한 피앙출서被仰出書」(학제서문-역주)를 출발점으로 한다. 그 이전에도 데라코야(寺子屋: 에도 시대의 글방-역주), 한코(藩校: 에도 시대 번의 자제를 가르치기 위해 설립한 학교-역주), 고우각코(鄕学: 에도 시대 한코의 분교 혹은 서민과 번사의 교육을 위해 영주 혹은 민간의 유지가 설립한 학교-역주) 등이 보급되어서, 막부 말기의 문해력 보급은 세계에서도 최상위 수준이었다. 그러나「학제」에 따라 제도화된 학교와 일제수업 양식은 재래의 자학 형태의 전통과 오우라이모노(往來物: 가마쿠라, 무로마치 시대부터 메이지, 다이쇼 시대까지 초등교육, 특히 수습용으로 편집된 교과서-역주)에 의한 습자나 한적에 의한 암송 양식과는 선을 분명히 그었다. 「학제」에 의한 학교는 일제수업이라는 구미의 수업 양식을 도입하고 신분이나 계급, 성차를 넘어 공통 문화를 전달하는 국민교육 시스템을 형성했다.

이러한 근대학교 시스템은 교육내용과 교육과정의 조직에 있어서 몇 가지 특징이 있다. 첫째, 교육내용이 국가에 의해 정해졌다. 「학제」와 동시에 나타난 「소학교칙」에서는 모두 27개 교과가 미국 교과의 번역명으로 제시되었다. 이후 「소학교교칙강령」(1881), 「소학교 학과 및 그 정도程度」(1886), 「교육칙어」(1890), 「소학교교칙대강」(1891), 「소학교령시행규칙」(1900)이 정해졌고 1904년에는 국정교과서 제도가 시행되었다.

둘째, 학급 편성 양식이 도입되었다. 「학제」는 반년마다 진급하는 등급제를 채용하고 과거의 자학 형태의 전통을 답습하였다. 그러나 1891년부터 학급제가 채용되었고, 나아가 취학률이 90퍼센트에 접근한 1900년의 소학교령 이후에는 오늘날과 같은 학년제에 의한 학급 편성으로 이행하였다.

셋째, 일제수업 양식이 도입되었다. 일제수업 양식은 「학제」의 공포와 동시에 설립된 사범학교(도쿄사범학교)로 하와이에서 초빙된 M. 스코트에 의해 도입되었다. 스코트는 페스탈로치주의(개발주의) 교수법을 문답법과 실물수업에 의해 실연하고, 그 실연을 기록한 『소학교사필휴小学教師必携』(諸葛信澄, 1873)를 모방하는 형태로 전국 학교에 일제수업을 보급하였다. 이 보급에 공헌한『개정교수술改正教授術』(若林虎三郎, 白井毅, 1883)에는 수업의「여러 가지 비평들批評の諸点」이 기록되어 있다. 이는 일제수업의 도입과 함께 수업 비평이 교사들 사이에서 이루어졌음을 보여준다.

일제수업 양식은 1889년 독일에서 초빙한 도쿄제국대학의 하우스크네히트Hausknecht에 의해 페스탈로치주의에서 헤르바르트주의로 이행한다. 특히 헤르바르트파의 라인이 제창한 5단계 교수(예비, 제시, 비교, 총괄, 응용)는 그 뒤 '도입, 전개, 정리'의 3단계로 변용되고 오늘날까지 계속해서 수업의 정형을 이루고 있다.

2. 신교육의 전개와 배움의 개혁

1910년대부터 1930년대에 걸쳐 아이의 자발성이나 활동성을 찾는 교육개조운동이 전개되었다. 이와 같은 일련의 교육개혁을 다이쇼 신교육 혹은 다이쇼 자유교육이라고 한다. 메이지 시대 말에 태동해서 다이쇼기에 확대된 신교육운동은 국민국가의 팽창하는 활력을 내면화한 운동이었다. 최초의 사립 실험학교였던 제국소학교(1911년에 창립)의 니시야마 데츠지(西山哲次, 1883~1939. 도쿄에 사립제국소학교를 창설했고 도덕교육의 일환으로서 인형병원을 만들었다. 저서로『교육문제·아이의 권리(教育問題·子供の權利)』가 있다-역주)는 '제국 문운의 진보'에 부응한 '소국민 양성'을 주장하였다. 세이케이 실무학교(成蹊實務學校, 1911년에 창립)를 창설한 나카무라 하루지中村春二는 "국가의 중견이 되고 국력의 충실을 도모해야 할 각오와 실력을 갖춘 인물 양성"을 강조하여 말했다. 이들의 개조운동은 사립학교에 그치지 않고, 전국의 사범학교 부속 소학교도 그 기반으로 삼아 추진되었다. 메이세키사범학교 부속의 오이카와 헤이지及川平治에 의한 「분단식 동적교육법分団的動的教育法」(1912)은 능력별 집단 편성에 의한 개별화 교육을 추진하였다. 치바사범 부속 소학교의 데즈카 기시에手塚岸衞는 '자유교육'을 표어로 '자학자습'의 교육을 전개하였다.

다이쇼 자유교육은 사와야나기 마사타로澤柳政太郎에 의한 세이조 소학교成城小学校의 창립(1917)을 계기로 새로운 단계로 발전했다. 세이조 소학교는 '개성 존중 교육'을 내걸고, '자연과 친하게 지내는 교육', '심정 교육', '과학적 연구를 기초로 하는 교육'을 목적으로 삼아서 실제적인 연구와 실천을 전개했다. 이 학교의 실천에 크게 영향을 끼쳤던 것은 파크 허스트(Helen Parkhurst, 1887~1973)가 제창한 돌턴 플랜the Dalton Plan이었다. 돌턴 플랜이란 '과제assignment'라고 하는, 아이 개인과 교사의 학습계획 계약에 의해 배움의 개성화와 개별화를 추진하는 방식이다. 이는 메이세이 학원明星学園 등의 사립학교나 구마모토사범 부속 소학교에서 실시되었다.

▶ 5-1 다이쇼 자유교육의 교실 풍경

　세이조 소학교와 나란히 중요한 의의를 지니는 학교가 이케부
쿠로지도노무라 소학교(池袋児童の村小学校, 1923)이다. 이 학교는 아
이들의 '새로운 마을'이 되는 유토피아를 내세웠는데, 창설 당초
교육과정과 수업시간은 물론 담임교사도 아이가 자유롭게 선택하
고 결정할 수 있었다. 노무라 요시베에(野村 芳兵衛, 1896~1986)를 비
롯한 이 학교 교사들은 아이의 개성적인 표현을 촉진하고, 공동체
를 구성하는 실천을 전개하며, 고유명의 아이들이 등장하고 이야
기 형식으로 기록하는 교육실천 기록 양식도 만들었다.

　아이가 스스로 배우는 양식을 합과학습合科学習으로 발전시킨
것은 나라여고사범 부속 소학교의 기노시타 다케시木下竹次였다.
기노시타는 『학습원론学習原論』(1923)을 저술하고 '학습이 곧 생활'

이라는 원칙에 입각해서 '혼연일체'의 '자율학습'을 추진하였다. 기노시타는 나아가 '학습과정curriculum'의 연구를 추진하고, 학습 환경을 정비하며, 환경으로부터 제재를 선택하는 합과학습을 전개했다. 이러한 합과학습은 오늘날의 생활과나 총합학습의 기초가 되었다. 나라여고사범 부속 소학교와 아울러 나가노사범 부속 소학교에서는 요도가와 모주淀川茂重를 중심으로 '연구학급'을 조직하고 총합학습을 실천하였다. 이러한 구성은 전국 사범학교 부속 소학교를 통해 쇼와 시대 초기에는 공립학교에도 보급되었다.

쇼와 시대 초기 교육의 특징으로 생활 글쓰기를 실천한 것을 들 수 있다. 고치高知의 사사오카 추기小砂丘忠義, 야마가타山形의 무라야마 도시타로村山俊太郎, 아키타秋田의 사사키 다카시佐々木昴 등은 아이에게 생활의 현실을 소재로 글을 쓰게 하고, 글 쓰는 행위를 통해서 냉엄한 생활 현실에 맞서는 인식과 정동을 기르게 하는 실천을 전개하였다. 그러나 이들의 수업개혁 실천은 파시즘 교육에 의해 탄압받고 왜곡되었고, 국민학교(1941)에서 '황국민 연성교육皇国民練成の教育'으로 돌아갔다.

3. 전후 신교육과 수업개혁

전후 약 10년 동안은 국가중심 교육에서 아동중심 교육으로, 전쟁 교육에서 평화 교육으로, 전체주의 교육에서 민주주의 교육으로 전환됨에 따라 수업과 교육과정 개조에 활발하게 몰두하던 시대였다. 1946년 3월에 내일한 미국 교육사절단 보고서는 일본의 중앙집권적이고 관료주의적인 교육을 비판하고 교육과정과 수업을 자주적·창조적으로 개발하는 교사의 창의에 교육의 미래를 맡겼다. 같은 해 5월 문부성이 발표한 「신교육지침」은 개성 존중을 강조하며, 아동중심 수업의 창조를 민주주의 교육의 기본 원칙으로 하는 방침을 내세웠다.

신교육은 문부성의 주도로 추진되었다. 시안으로 명기된 「학습지도요령[시안]」(1947)이 신학제의 발족으로 인해 제시되었고, 이에 각 학교가 자주적으로 독자적인 교육과정을 편성하는 길잡이로서의 성격이 부여되었다. 이러한 성격은 1951년판 「학습지도요령」에도 그대로 이어져, 전국 각지의 학교에서 자주적으로 교육과정을 편성하고 단원을 창조하는 대처가 활발하게 전개되었다. 교육과정과 단원학습은 전후 신교육의 실천을 특징짓는 두 가지 용어였다. 국립교육연구소의 평가(1951)와 도쿄대학교의 평가(1950)에 따르면, 당시 전국 70퍼센트의 학교가 독자적인 교육과정을 만들려고 애썼고, 80퍼센트의 교사가 단원학습을 창조하고 실천하였다.

신교육의 실천은 평화주의와 민주주의를 이념으로 하여 신설된 사회과에서 활발하게 이루어졌다. 생활 글쓰기의 전통을 계승한 야마가타 현 야마모토무라의 무차쿠세이쿄無着成恭는 야마무라에

태어난 아이들의 생활을 표현한 『메아리학교山びこ学校』(1951)의 실천을 발표하여 많은 사람들에게 감명을 주었다.

신교육의 실천은 문제해결학습이나 생활단원학습이라는 경험에 의한 배움을 중심으로 하는 수업개혁을 추진했지만, 다른 한편에서는 '이곳저곳을 돌아다니는 경험주의'라고 비판을 받았던 것처럼 활동주의·체험주의에 함몰된 경향이 있었던 것도 사실이다. 이러한 비판 이후 어떻게 생활 경험과 과학적 개념을 배움의 과정에서 통일할 것인가가 수업실천과 교육과정 구성의 중심적인 과제가 되었다.

전후 민주주의 교육에서 수업개혁의 한 전형으로서 사이토 기하쿠斎藤喜博가 군마 현의 시마 소학교에 교장으로 있었을 때 (1952~1963) 전개했던 '수업의 창조'를 들 수 있다. 시마 소학교에서는 교사와 아이가 협력해서 '문화 민주화'를 추진하는 수업개혁이 진행되었다. 사이토에게 '수업의 창조'는 '민족문화유산'의 '획득, 발견, 인식'을 통해 '자유와 권리를 보장하는 민주주의 정신'과 '가능한 한 넉넉하고 구김살 없이 기르고자 하는 정신'을 한 명 한 명에게 기르는 '자기개혁'의 실천이었다. 그러한 도전은 사이토의 『학교 만들기 기록문学校づくりの記』(1958)과 『수업입문授業入門』(1960)을 거쳐 전국 교사들의 수업 만들기와 학교개혁의 지침이 되었다.

그러나 전후 신교육은 단명했다. 1958년 「학습지도요령」의 전면 개정은 교육과정의 제도와 내용의 근본적인 전환을 의미했다. 관보의 고시에 따라 법적 구속력을 부여받은 「학습지도요령」은 교과서 내용을 국가가 확인하는 검정제도 기준으로서의 기능과 함께 교사의 교육실천의 자유와 자율성을 제한하고 교사의 전문성을 학교 밖에서 통제하는 기능을 하였다. 이러한 「개정학습지도요령」이 고시되었던 1950년대 말에는 신교육의 실천이 거의 괴멸상태에 빠지게 되었다.

제6장

배움의 창조

1. 행동주의 학습과 인지주의 학습

학습에 대한 심리학 이론은 대별해서 셋으로 나눌 수 있다. 첫째는 행동주의 학습론으로 이 시각에 따르면 학습이란 행동의 변화이다. 둘째는 인지주의 학습론으로 이 시각에 따르면 학습이란 인지구조의 변화이다. 셋째는 활동주의 학습론으로 이 시각에 따르면 학습이란 활동에 의한 의미와 관계의 구성이다.

첫 번째의 행동주의 학습론은 20세기 초 왓슨이나 손다이크의 학습심리학을 출발점으로 한다. 이 심리학은 'S-R이론'이라고 불리는 '자극과 반응'에 의해 행동의 변화(학습)를 정의하는 특징이 있다.

학습이란 자극과 반응의 결합을 강화하는 것으로서 인식된다. 왓슨과 손다이크는 이 이론에 근거해 여러 동물실험을 행하고 관찰 가능한 행동의 변화를 연구하였으며 그 결과를 수업과 학습의 과정에 응용할 것을 주장했다.

행동주의 학습심리학은 수업과 교육과정 이론에 결정적인 영향을 끼쳤다. 교육과정과 수업의 구성을 나타낸 타일러의 원리, 1960년대에 교수기계의 기초를 제공한 스키너의 프로그램학습, 1960년대부터 1980년대에 보급된 블룸의 교육목표분류학과 형성 평가, 완전학습 등은 각각 행동주의 학습이론에 근거한 것이었다.

타일러의 원리는 타일러가 『교육과정과 수업의 기초원리』(1949)에서 제시한 교육과정 개발과 평가의 모델이다. 그것은 ① 목적에서 목표로, ② 교육적 경험의 선택, ③ 교육적 경험의 조직, ④ 결과 평가라는 4단계로 나타났다. 이 4단계에서 행동 목표는 전체를 통하여 가장 중요한 의미를 갖고 있다. 행동 목표란 'OO을 할 수 있다'처럼 결과를 객관적으로 관찰하고 측정할 수 있는 목표를 의미한다. 타일러의 원리에서는 교육의 목적이 행동 목표로 특수화되어 4단계가 과학적으로 통제되고 평가될 수 있게 되었다.

스키너의 프로그램학습도 행동 목표에 따라 교수기계에 의한 교육을 가능하게 한다. 스키너의 프로그램학습은 ① 조작적 조건 형성의 원리, ② 작은 단계small step의 원리, ③ 즉시 피드백 원리라는 세 원리에 의해 구성되어 있다. 조작적 조건 형성이란 파블로프의 조건반사와 같은 고전적인 조건화와는 달리 학습자가 스스로의 활동으로 조건을 부여하는 것을 나타낸다. 구체적으로 말하면 교수기계에서 예스와 노의 버튼을 누르는 것을 의미한다. 작은 단계의 원리란 문자 그대로 교육내용이 작은 단계들로 조직되어 있다는 것을 의미한다. 그리고 즉시 피드백 원리는 학습자의 답에 대해 즉석에서 평가가 부여될 수 있는 것을 나타낸다. 스키너의 프로그램학습은 이 세 원리에 따라 학습을 가장 효율화하는 것을 목적으로 한다.

한편 블룸도 행동주의에 의한 교수이론과 학습이론을 제시하였다. 블룸은 학교교육과정을 '교육목표분류학'으로 제시하는 연구를 30년 이상 했다. 그는 학교교육과정을 인지적 영역cognitive domain과 감각·정동적 영역affective domain, 운동·생리적 영역psychomotor domain으로 나누고 각 영역, 각 교과, 각 학년의 내용을 '교육목표분류학'으로 제시하였다. 단원 시작 전에 실시하는 진단 평가와 단원 학습과정에 실시하는 형성 평가, 단원 종료 뒤에 실시하는 총괄 평가 가운데 형성 평가를 교육과정 평가의 중심에 두어, 한 명 한 명의 학습도달도를 자세하게 평가하고 개인차에 대응하는 방법을 제안하였다. 블룸은 이러한 방식에 의해 모든 아이가 모든 내용을 완전히 습득하는 완전학습의 가능성을 탐구했다.

두 번째의 인지주의 학습론의 전형은 피아제의 발달이론이다. 그러나 피아제는 학습이론을 연구한 것은 아니었다. 그는 환경과의 동화와 조절에 의해 형성되는 인지 스키마의 발달을 연구했다. 피아제에게 학습이란 대상을 표상하는 인지구조의 발달을 의미하였다. 피아제가 제시한 인지 발달 단계, 즉 감각운동기(0~2세), 전조작기(2~6세), 구체적 조작기(7~11세), 형식적 조작기(11~15세)의 4단계는 잘 알려져 있다.

2. 활동주의 학습

세 번째의 활동주의 학습이론은 1930년대 소련 심리학자 비고츠키 심리학과 그 계승자들에 의해 전개되었다. 이 계보에서 학습이란 도구나 기호를 매개로 하는 활동에 의한 의미와 관계의 구성으로 인식된다. 비고츠키의 발달이론이 세계에 알려지게 된 것은 1950년대 말 이후의 일이다. 비고츠키는 37세에 사망한 천재적인 심리학자였지만 그 업적은 스탈린의 억압하에 알려지지 않았다.

비고츠키는 행동주의 심리학자와 달리 인간과 동물의 발달을 분명하게 구별한다. 인간은 도구와 언어를 사용하여 고차적 정신 기능을 발달시키고 있기 때문이다. 인간은 도구(언어, 도구, 개념)에 의해 매개된 활동에 따라 발달한다. 비고츠키는 도구 중에서 특히 언어에 관심을 기울인다. 비고츠키는 언어를 의사소통의 도구로서의 외언外言과 사고의 도구로서의 내언內言으로 나눈다. 그리고 그는 피아제의 자기중심적 언어를 비판하였다. 피아제의 자기중심적 언어의 사고방식에 따르면 아이의 언어 발달은 혼잣말의 자기중심적 언어로 출발하여 그 언어가 사회화되어 가는 과정을 거친다. 그러나 비고츠키는 아이의 언어는 처음부터 사회적인 것이라고 주장한다. 아이는 의사소통을 통해 사회적인 언어를 '내화'한다는 것이다. 비고츠키에 따르면 발달은 우선 의사소통(외언)이라는 사회적 과정으로 성립하고, 뒤이어 그 '외언'이 '내언'으로서 '내화'되는 심리적 과정으로 전개된다.

거기서부터 비고츠키의 발달이론에서 가장 중요한 개념인 최근접발달영역이라는 사고방식이 도출된다. 비고츠키는 통상 생각되는 '교육과 발달의 관계'에 대해 발달의 뒤를 교육이 돌아가는 관계라고 비판한다. 비고츠키는 '혼자서 발달할 수 있는 단계(일반적으로 일컬어지는 발달 단계, 지금의 발달 수준)'와 '교사와 친구의 도움으로 발달할 수 있는 단계(내일의 발달 수준)' 사이의 영역zone을 최근접발달영역이라고 부른다. 그리고 그는 교육과 학습을 최근접발달영역에서 실시해야 한다고 주장한다.

최근접발달영역은 학습이 가능한 영역이며 교사나 친구와의 대화를 계기로 학습자가 발돋움하여 점프를 하는 영역이다. 종래의 준비(readiness, 발달 단계)라는 사고방식에서는 홀로 도달할 수 있는 수준에 맞춰 학습자를 교육하는 것이 필요하였다. 그에 반해 비고츠키는 학습을 개인주의적 활동이 아닌 협력적이고 사회적인 활동

으로서 인식하였으며, 따라서 교사나 친구의 도움에 의해 도달할
수 있는 수준으로 학습자를 교육해야 한다고 주장하였다.

비고츠키는 나아가 과학적 개념과 생활적(자발적) 개념의 관계에
대해서도 논하였다. 과학적 개념은 의사소통에서 나타나는 일반화
된 개념을 의미한다. 그에 반해 생활적 개념은 학습자가 이미 경험
을 통해 체득하고 있는 개념을 나타낸다. 일반적으로 과학적 개념
은 생활적(자발적) 개념을 일반화하는 형태로 획득된다고 여겨진다.
그러나 비고츠키는 과학적 개념이 생활적(자발적) 개념으로 내화되
는 것이 학습이고 발달이라고 논했다. 학교는 과학적 개념을 배우
는 장소이고 그 배움은 타자(교사, 친구)와의 의사소통을 매개로 전
개되며, 과학적 개념을 활용하고 응용하는 경험을 통해서 그 개념
이 내화되고 몸에 붙게 된다는 것이다.

3. 활동이론의 확장

비고츠키의 활동 개념은 주체와 매개(도구), 대상이라는 세 가지
로 이루어져 있었다. 매개(도구)는 역사적·사회적인 것이다. 매개(도
구)에는 통상의 도구에서부터 언어, 상징, 모델, 이론 등이 포함되어
있다. 그중에서도 비고츠키가 중시한 것은 심리학적 도구라 불리
는 언어였다. 그런 까닭으로 활동은 끊임없이 매개된 활동으로서

전개된다. 활동은 생산적 활동이나 문화적 활동으로 나타나지만 그 자체가 역사적·사회적 활동으로서 전개되고 있다.

최근에 비고츠키의 활동이론은 많은 학습심리학자에 의해 발전되고 확장되었다. 여기서는 미국 캘리포니아대학교의 레이브Jean Lave와 웽거Etienne Wenger의 '정통적 주변 참가론'과 핀란드 헬싱키 대학교의 엥게스트롬YrjöEngeström에 의한 '확장된 학습' 두 가지를 소개한다.

레이브와 웽거는 비고츠키의 학습심리학을 문화인류학의 방법으로 확장했다. 그들은 라이베리아의 봉제직인 길드 공동체를 참여관찰법으로 조사하여, 거기서 학습이 공동체의 주변에서 중심으로 이동하는 과정으로 수행된다는 것을 밝히고 학습의 실천을 '정통적 주변 참가'라고 명명하여 제시하였다. 정통적 주변 참가론은 학습이 공동체의 문화적 실천이라는 것을 나타낸다. 게다가 봉제직인 길드 공동체에서의 학습은 몇 가지 점에서 학교의 제도화된 배움과는 다른 성격을 나타낸다. 봉제직인의 공동체에서 신참자는 가장 주변 작업인 제품 다리미질에 종사한다. 그러나 이 작업은 부분적이지만, 동시에 작업과 제품 전체가 보이는 작업이다. 대개 학교교육과정에서 아이는 단계적으로 과제 작업을 순서대로 진행하지만 그런 작업은 단계적으로 세분화되어 있고 전체가 보이는 것은 최후의 단계이다. 그리고 봉제직인 공동체에서의 발달과정은 직인의 작업이 주변에서 점차 중심으로 이동하는 수평 방향으로 진행된다. 거기서 중심은 우두머리이며 직인은 중심에 도달하면 자립해서 새로운 길드를 조직한다. 이와 같은 주변에서 중심으로의 수평 방향 이동은 학교에서의 발달이 보여주는 아래로부터 위로의 수직 방향 이동과는 대조적이다. 나아가 봉제직인 공동체에서는 주변에서 중심으로 이동하는 각 단계에서 학습자의 정체성이 보장되고 어느 단계에서도 한 사람의 몫이 요구된다. 이 또한 제도화된 학교의 학습과는 다른 점이다.

레이브와 웽거가 말한 정통적 주변 참가론의 학습을 직접 학교에 들고 오는 것은 불가능하다. 학교는 직인 조직이 아니며 길드 공동체 또한 아니기 때문이다. 그러나 배움이 문화적 실천이라는 점, 그 문화적 실천이 공동체 참여로 수행되는 점은 학교교육에서도 중시되어야 한다고 말할 수 있다.

다른 한편 엥게스트롬은 비고츠키의 활동을 구성하고 있는 주체와 매개(도구), 대상으로 이루어진 삼각형의 저변을 확장했다(그림 6-1). 비고츠키는 학습을 의사소통에 의한 사회적 과정으로서 인식했지만, 주체와 매개(도구), 대상으로 구성되는 삼각형은 개인을 단위로 하는 것인 데 반해 그 개인 활동이 수행되는 사회적 문맥에 대한 분석은 불충분하였다. 그러나 개인의 학습은 모두 특정 사회조직 속에서 실시되고 특정 문화적 공동체 속에서 수행된다. 엥게스트롬은 비고츠키의 활동 삼각형의 저변(활동의 사회적 문맥)을 확장해서 사회조직과 문화적 공동체 가운데에서 수행되는 학습 구조를 제시하였다(그림 6-2).

▶ 6-1 활동의 삼각형

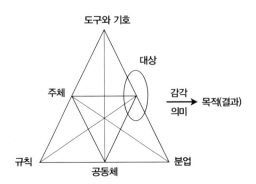

▶ 6-2 엥게스트롬의 활동 시스템

엥게스트롬이 보여준 확장된 학습의 삼각형은 학교나 기업, 병원 등의 사회조직과 공동체에서 수행되는 학습을, 개인적인 활동 단위로서가 아니라 사회적·협력적·조직적인 활동 단위로서 이해하는 구조를 나타내었다.

이처럼 활동주의 학습이론은 학습활동을 고립된 개인단위의 활동이 아니라 사회적이고 협력적인 활동과정으로 분석하고 조직하는 이론으로 발전시켰다.

제 7 장

협력적인 배움

1. 대화의 실천으로서 배움

배움에는 두 가지 전통이 있다. 하나는 수양으로서의 배움 전통이
고, 다른 하나는 대화로서의 배움 전통이다. 수양으로서의 배움은
자기를 조금이라도 완전한 존재로 만드는 것, 혹은 자신의 내면을
교양으로 가득 채우는 것을 목적으로 한다. 이러한 전통은 중세의
수도원과 사원, 대학의 교양 교육에서 형성·발전되어 왔다. 근대
의 배움은 진보나 발달을 목적으로 하지만 근대 이전의 배움은 깨
달음과 구원을 목적으로 하였다. 수양으로서의 배움은 깨달음과
구원을 추구한 수도원이나 사원에서의 배움에서 단적으로 나타난

다. 그 전통은 현재 우리들의 배움에도 면면히 계승되고 있다.

한편 대화로서의 배움은 소크라테스의 산파술 이래 장구한 전통을 갖고 있으며, 대화적 의사소통에 의한 배움의 실천으로 계승되고 있다. 교실에서의 배움은 교재나 교구에 의해 매개된 활동이고 교사나 친구와의 의사소통 활동이며, 그 과정에서 몇몇 대화의 실천이 들어 있다. 이 장에서 다루는 것은 이 대화적 실천으로서의 배움이다.

나는 배움을 세 가지 차원의 대화적 실천으로 정의한다. 첫 번째 차원은 대상세계(제재, 교육내용)와의 대화적 실천이다. 이 실천은 인지적·문화적 실천이다. 두 번째 차원은 교사나 친구와의 대화적 실천이다. 학습자는 분명 홀로 배우고 있는 것은 아니다. 교사나 친구와 의사소통을 하며 배운다. 이러한 실천은 대인적·사회적 실천이다. 세 번째 차원은 자기 자신과의 대화적 실천이다. 학습자는 제재나 교사, 교실 속 친구와 대화할 뿐만 아니라 자기 자신과 대화하며 자신의 정체성을 형성하면서 배움을 수행한다. 이러한 실천은 자기내적·실존적 실천이다. 이처럼 배움은 대상세계(제재, 교육내용)와의 대화(인지적·문화적 실천), 타자와의 대화(대인적·사회적 실천), 자기 자신과의 대화(자기내적·실존적 실천)라는 세 가지 대화의 종합적 실천이다. 즉 배움은 '세계 만들기'와 '친구 만들기', '자기 만들기'를 삼위일체로 추구하는 대화적 실천이다.

2. 협력으로서의 배움

그러나 현실의 교실에서 대화적 의사소통을 창조하는 것은 분명 쉬운 일은 아니다. 소크라테스의 산파술에서 대화는 일대일의 의사소통이었다. 그러나 교실에는 한 사람의 교사와 다수의 아이들이 존재한다. 교실에서 대화적 의사소통을 만들기 위해서는 교사와 아이의 의사소통과 아이와 아이의 의사소통이 일대일 관계를 기본으로 성립되어야 한다.

나아가 소크라테스의 산파술은 미리 정해져 있는 지식을 전달하는 것이 아니라 교사인 소크라테스와 제자가 협력해서 진리를 탐구하는 과정이었다. 교사와 제자가 대등하게 서로 진리를 탐색·탐구하는 데서 대화가 성립했던 것이다. 교실에서 대화적 의사소통이 성립하기 위해서는 교사와 아이가 대등한 입장에 서서 협력하여 진리를 탐색·탐구하는 관계를 만들 필요가 있다. 교사 자신이 아이와 함께 제재의 새로운 의미를 찾고 아이의 다양한 사고나 실패로부터 배우는 관계를 만들지 않는 한 교실에서 대화적 의사소통을 만드는 것은 불가능하다.

대화적 의사소통이 성립하고 있는 수업을 참관해보면 제재와의 대화, 친구와의 대화, 자기 자신과의 대화라는 세 가지 대화적 실천이 조직되고 한 명 한 명의 아이가 자립해서 교사와, 친구와 대화적 의사소통을 전개하며 교사와 아이가 협력해서 진실을 서로 모색·

탐구하는 관계가 형성되어 있다. 교실에서 대화적 의사소통을 성립시키는 것은 분명 쉬운 일은 아니지만 대화적 의사소통이 성립된 교실에서는 협력에 의해 창조적이고 탐구적인 배움이 역동적으로 전개된다.

　대화적 의사소통이 성립된 교실에서는 그 기반에 '서로 들어주는 관계'가 성립되어 있다. 아무리 활발하게 의견이 발표되고 있다고 해도, 그 기반에 '서로 들어주는 관계'가 성립되어 있지 않으면 그러한 발언은 독백에 지나지 않고 대화적 의사소통이라고는 말할 수 없다. 사실 "네, 네." 하고 활발하게 의견이 발표되고 있는 수업은 일견 활발하게 보이지만 대부분이 독백이며 배움이 성립되고 있지 않은 수업인 경우가 많다. 배움은 '새로운 세계와의 만남이자 대화이며, 친구와의 대화에 의한 발돋움 및 점프'이다. '타자의 목소리를 듣는 것'에서 시작하는 배움은 대상세계와의 대화와 타자와의 대화, 자기와의 대화를 통해 새로운 만남과 대화적 실천을 창출하는 행위이다(사진 7-1/ 7-2 참조).

　협력학습collaborative learning은 대화적 실천으로서의 배움을 수행하는 실천 양식을 나타낸다. 협력학습에서는 다양한 이미지나 다양한 사고방식을 서로 교류하는 것이 추구된다. 협력학습의 효용은 비고츠키의 최근접발달영역 이론에 의해 근거가 마련될 수 있다. 집단학습으로 전개되는 협력학습은 거기에 참가하는 아이들의 다양성에 의해 다원적이고 중층적인 최근접발달영역을 구성한다.

거기서의 대화적 의사소통은 새로운 세계와의 만남과 대화를 환기시키고 친구와의 대화에 의해 한 명 한 명의 발돋움 및 점프를 일으킨다.

▶ 7-1 치가사키 시 하마노고 소학교의 수업 풍경

▶ 7-2 야마나시 현 구나도 소학교의 수업 풍경

3. 호혜적 배움

대화적 의사소통에 의한 서로 배우는 관계는 서로 가르치는 관계와는 다른 것이다. 서로 가르치는 관계는 가르치는 이와 배우는 이가 비대칭적인 관계를 형성하고 일방적인 관계를 만들지만, 서로 배우는 관계는 서로 대등한 대칭적 관계로서 상호적인 관계이다. 단적으로 말하면 서로 배우는 관계는 잘 모르는 아이가 "있잖아, 여기, 어떻게 하는 거야." 하고 친구에게 묻는 데서 시작하여, 그 물음을 서로 공유하고 서로 탐구하는 관계를 구축한다. 서로 배우는 관계에서는 잘 못하는 아이가 잘하는 아이에게서 배울 뿐만 아니라 잘하는 아이가 잘 못하는 아이에게서도 배운다. 실제로 "잘 모르겠어." 하고 물음을 던지는 아이 덕분에 그것에 응답하는 아이들이 더 정확하게 배움을 이루는 일은 수업에서 자주 나타나는 현상이다. 또한 "잘 모르겠어." 하고 물음을 던진 아이가 그 질문에 응답하는 친구들의 조언을 매개로 친구들 이상으로 정확한 배움을 이루는 것도 수업에서 적지 않게 나타나는 현상이다.

서로 배우는 관계는 호혜적 배움reciprocal learning을 실현하게 한다. 호혜적 배움은 서로 배우는 관계를 만드는 상호적인 배움이며, 서로의 협력에 의해 홀로 달성할 수 없는 더 높고 더욱 풍성한 배움을 수행하는 것을 의미한다. 심리학의 영역에서는 경쟁적 환경과 협력적 환경 중 어느 쪽이 생산성이 높은지에 관해 많은 연구가 수행되었다. 대다수의 연구는 경쟁적 환경의 개인학습보다 협력학습의 집단학습 쪽이 생산성이 높다고 입증했다. 학급이나 집단에서의 학습자 능력과 개성, 문화의 다양성이 서로의 배움을 풍부하고 정확하게 하며 배움의 호혜성을 낳는 것이다.

사진 7-3은 호혜적 배움이 성립된 순간을 포착하고 있다. 그 직전에 남자아이는 비스듬히 앞에 앉은 남자아이의 질문에 답하고 있었다. 그 앞의 여자아이는 내용을 이해할 수 없어 심각한 표정으로 듣고 있었다. 사진 7-3은 그 직후의 영상이다. "알았다"고 하는 여자아이의 기쁨이 옆에서 설명을 해주었던 남학생과 공유되고 있다. 이처럼 호혜적인 배움에서는 함께 이해하는 배움의 교류가 우정이나 배움의 기쁨의 교류도 낳는다.

▶ 7-3 호혜적인 배움

협력학습의 장면을 관찰하면 개개인의 배움이 성립하기 전에 협력의 배움이 성립하고 협력의 인식과 개개인의 인식이 서로 형성되어 있음을 볼 수 있다. 또한 협력학습에서는 개개인의 단편적인 지식이 공유됨에 따라 더 높고 더욱 풍성한 인식이 형성되고 그 협력의 인식이 개개인에게 분유되는 과정을 발견할 수 있다. 이처럼 인식이 협력으로 형성되고 공유되는 것을 '영유appropriation'라고 한다. 영유라는 낱말은 원래 입회지처럼 공유지임과 동시에 사유지임을 나타내는 개념이다. 입회지는 구성원이 공유하는 공유지이지만 동시에 구성원 한 명 한 명의 사유지로 분할되어 있다. 그 토지가 생산하는 부는 공유되지만 그 토지와 생산물은 사적으로 소유되고 있다. 이러한 공유와 사유가 동시에 성립되고 있는 상황을 영유라고 한다. 협력학습과 여기서의 호혜적인 배움은 영유로서의 배움을 나타내고 있다고 말해도 좋다.

4. 공부에서 배움으로

오늘날 공부[勉强]에서 배움으로의 전환이 수업개혁의 중심 과제 중 하나가 되었다. 일본어 벤쿄勉强라는 낱말은 기묘한 언어다. 중국어에도 '미엔치앙勉强'이라는 낱말은 있지만 학습이라는 의미는 없다. 중국어 사전을 보면 '무리를 하는 것', '무리가 있는 것'이라는 의미밖에 없다. 일본에서도 '벤쿄'라는 낱말은 원래 중국어와 같은 의미밖에 없었다. 상인이 "에누리해 드리겠습니다"라고 하며 물건 가격을 싸게 받는 것이 이 낱말의 원래 의미에 상응하는 것이다.

벤쿄가 학습의 의미로 사용되기 시작한 것은 메이지 10년대 이후의 일이라고 생각된다. 당시 교과서는 번역 교과서였고, 메이지 20년대 이후 중등학교 진학을 위한 수험 경쟁이 시작되었다. 그렇게 무리한 상태를 야유하는 의미로 벤쿄라는 낱말이 사용된 것으로 추측된다. 이 벤쿄라는 낱말이 학습이라는 낱말 이상으로 보급되고 정착되어버린 것은 얄궂은 결과이다.

그렇다면 공부와 배움의 차이는 어디에 있는 것일까? 많은 사람은 "공부는 억지로 하는 것", "배움은 자주적으로 행하는 것"이라고 답할 것이다. 이러한 답을 틀렸다고 말할 수는 없지만 충분하지는 않다. 자주적으로 주체적으로 하는 공부도 있고, 강제적으로 행해지는 학습도 있기 때문이다.

나는 공부와 배움의 차이를 만남과 대화의 유무에서 찾는다. 공부는 어떤 것도 매개하지 않는, 어떤 것과도 만나지 않고 어떤 것과도 대화하지 않는 배움이다. 공부는 시험을 준비하며 오직 암기하고 기억하는 활동이라고 말해도 좋을 것이다. 거기에는 만남도 없고 대화도 없다.

공부에서 배움으로의 전환은 다음 세 가지 과제로서 수행된다.

첫째, 좌학座学의 공부로부터 매개된 활동으로서의 배움으로의 전환이다. 공부는 교사가 설명하는 교과서의 내용을 이해하고 암기하는 좌학이었다. 뇌의 시냅스의 결합뿐인 활동이었다고 말할 수 있다. 그에 반해 배움은 도구(사물, 개념, 모델, 이론)를 매개로 한 관찰, 실험, 조사, 토론 등의 작업에 의해 수행된다. 좌학의 공부에서 활동적인 배움으로의 전환, 이것이 제일의 과제이다.

둘째, 개인주의적 공부에서 협력학습으로서의 배움으로의 전환이다. 공부는 경쟁적인 환경에서 개인주의적 활동이었다. 다른 사람에게 의존하여 공부하거나 다른 사람의 힘을 빌려 공부하거나 다른 사람에게 배우는 것을 부정하고, 공부를 혼자 힘으로 노력하여 달성하는 것을 미덕으로 간주하였다. 경쟁에서 이기는 것이 최우선이었고, 경쟁에 이기는 것이 최대의 동기부여가 된다고 믿어왔기 때문이다. 그에 반해 배움은 협동적이고 협력적인 활동이다. 배움에서는 친구와의 협력과 협동이 장려된다. 즉 자신의 생각을 아낌없이 친구에게 제공함과 동시에 친구의 아이디어를 적극적으로 자신의 사고에 받아들이도록 장려된다. 협력적 학습에서 능력이나 개성, 문화의 차이는 서로의 배움을 촉진하는 것으로서 적극적으로 받아들여진다. 배움은 서로 배우고, 개성과 공동성을 서로 생성하는 담화·공동체(서로 이야기를 나누는 공동체)의 형성 속에서 달성된다.

셋째, 획득하고 정착하는 공부로부터 표현하고 공유하는 배움으로의 전환이다. 공부는 지식이나 기능을 획득하고 정착하는 활동이었다. 브라질의 교육학자 파울로 프레이리는 이러한 공부를 은행저축식 교육이라고 불렀다. 은행저축식 교육은 '언젠가 도움이 될 것이다'라는 생각으로 저금을 하는 것처럼 지식이나 기능을 획득하고 저축하는 공부를 의미한다. 프레이리는 가난한 사람이나 노동자계급의 사람, 억압받는 사람들은 이러한 은행저축식 교육에 사로잡혀 있기 때문에 배움의 세계로부터 소외되고, 언제까지나 가난하고 억압된 상태에 갇혀 있게 된다고 하였다. 프레이리는 전달에서 대화로의 전환을 제기하였다. 오로지 기억하고 저장해두는 은행저축식 교육에 사로잡힌 전달로서의 교육에서 대화에 의해 세계를 다른 방식으로 읽어 넓혀가는 배움으로의 전환이다. 지식이나 기능을 획득하여 정착하는 공부에서 대화에 의해 지식이나 기능을 표현하고 음미하며 공유하는 배움으로의 전환이 요구된다.

제8장

교실의 딜레마

1. 교실의 사건

수업과 학습의 과정은 지식이나 기능을 전달하고 이해하고 공유하는 과정임과 동시에 교사와 아이가 그 과정에서 여러 딜레마를 경험하는 과정이기도 하다. 교실에서는 복잡한 사건이 끊이지 않고 일어난다.

교실에는 보통 한 사람의 교사와 30명 정도의 아이들이 있다. 그 아이들 한 명 한 명이 서로 다른 배경을 갖고 참가하고 각자 다른 형태로 행동하며 서로 다른 인식과 감정을 형성하고 있다. 교사의 활동(수업)과 아이의 활동(학습) 무대인 교실이라는 콘텍스트는 지극히 복잡하다.

수업은 교사의 의도에 근거하여 교사가 디자인한 계획을 중심으로 전개된다. 그러나 조금이라도 경험을 쌓은 교사라면 수업 전의 계획 그대로 수업을 전개하는 교사는 한 사람도 없을 것이다. 교사는 시시각각 변화하는 아이들의 발언이나 움직임에 즉흥적으로 대응하고 끊임없이 계획을 수정하면서 수업을 진행한다. 수업은 의도와 계획 없이는 수행되지 않는다. 그렇지만 그 의도나 계획은 끊임없이 교사의 선택과 판단이라는 의사결정에 의해 시시각각 변화한다.

아이들의 활동은 더욱 복잡하다. 아이는 한 명 한 명이 개성적인 존재이다. 교사의 말 한마디에 대해 아이들은 각각 다른 이미지와 다른 감정을 느끼고 다른 반응을 나타내며 다른 인식을 형성한다. 어떤 아이에게는 아무것도 아닌 일이 어떤 아이에게는 존재를 위협할 정도로 심각한 의미를 띠게 되는 것도 있다. 그리고 어떤 아이에게는 쉽게 해결되는 과제가 어떤 아이에게는 그 과제에 대처하는 것 자체가 심각한 정신적 갈등을 수반하는 경우도 있다. 교실에 32명의 아이가 있다면 그곳에서는 32가지 다른 경험이 사건으로서 일어나고 있다고 말해도 좋을 것이다.

물론 이와 같이 다양하고 복잡한 교실의 사건 모두를 한 사람의 교사가 장악하는 것은 불가능하다. 그러나 교실에서 일어나는 사건의 의미나 교실의 딜레마를 인식하지 못한 채, 교사가 짧은 시간에 효과적으로 수업을 수행하는 것은 불가능하다. 교육실습에서 교단에 처음 서게 된 사람은 누구라도 일순간 눈앞이 새하얗게 되어버리는 당혹감에 휩싸이곤 한다. 그러한 당혹감을 느끼는 이유 중 한 가지는 아마도 교실에서 일어나는 사건의 복잡함과 다양함으로 인한 놀람과 그것에 대한 대응 능력의 결여 때문일 것이다.

2. 교실에서 일어나는 딜레마

교실에서 교사와 아이는 여러 딜레마를 만난다. 딜레마란 '저쪽을 세우면 이쪽이 서지 않는' 것처럼 두 가지 대립하는 상황이 부딪혀 처리될 수 없는 상태를 의미한다. 나는 교실에서 일어나는 딜레마에 세 가지 영역이 있다고 생각한다.

첫 번째는 인지적·문화적 영역의 딜레마이다. 예를 들면 분수 수업시간에 아이는 분수의 수학적 의미를 이해해야 한다. 그와 동시에 아이는 분수의 계산방법에도 익숙해야 한다. 이 두 가지가 잘 통합되지 않으면 분수를 충분히 이해하지 못한 아이는 기지의 사항과 미지의 사항 사이에서 딜레마에 빠진다. 교사도 인지적·문화적 영역의 딜레마에 직면한다. 만약 분수의 수학적 의미를 중시한다면 교사 자신에게 현대 수학에 대한 고도의 인식이 필요하다. 분수 계산방법의 습득에 역점을 두어 거기에 시간을 쏟는다면 분수의 수학적 의미에 대한 설명이 소홀해질 수 있다. 어떤 수학을 선택하고 어떤 수학교육 방법을 선택하면 좋을지, 교사는 끊임없이 딜레마 상황에서 한 가지 내용과 방법을 선택하면서 수업을 진행한다.

두 번째는 대인적·사회적 관계의 딜레마이다. 아이는 교사와 다른 아이들과 관계하면서 수업에 참가한다. 교사나 다른 아이들과의 관계를 만들어내지 않으면 수업에 참가하는 것은 불가능하다. 수업 장면을 하나하나 봐도 한 아이의 발언이 다른 아이와 무관하게 나오는 것은 없다. 교사의 활동도 마찬가지다. 교사는 아이들과 자신의 관계, 아이들 사이의 관계를 만들어가면서 수업을 전개한다. 따라서 교실의 활동은 모두 인간관계에 의해 규정된 사회적 과정이다. 이러한 과정에서 교사도 아이들도 많은 딜레마를 경험한다.

세 번째 딜레마는 자기내적·실존적 딜레마이다. 교실은 자신의 정체성을 표현하는 장소임과 동시에 자신의 정체성이 위협받는 장소이기도 하다. 교실에 있는 아이는 자기 자신에게 충실하게 사는 것과 교사와 다른 아이들의 욕구에 맞춰 살아가는 것 사이의 딜레마에 서 있다.

게다가 교실은 어떻게 배우는 것이 잘 배우는 것인지, 어떻게 행동하는 것이 잘 행동하는 것인지 끊임없이 질문이 던져지는 장소이다. 자기 자신과 타협하거나 좋은 행동 여부를 스스로 판단하도록 요구된다는 점에서 교실의 아이들은 윤리적 딜레마를 경험하면서 교실생활을 한다. 이러한 딜레마는 교사도 마찬가지이다. 교사는 자신의 바람이나 의도와 교실의 현실 사이에서 타협하며 수업을 전개한다.

3. 딜레마 관리와 코핑

　교실은 실로 많은 복잡한 딜레마와 마주치는 장소다. 분수 나 눗셈 수업에서 교사가 조금이라도 그 계산의 의미를 확실하게 가 르치려고 한다면, 형식적이고 건성으로 하는 수업 방식으로는 결 코 충분하지 않을 것이다. 그러나 교실의 모든 아이가 분수 나눗셈 의 수학적 의미에 대해 관심을 가지고 있는 것은 아니다. 그중에는 계산 방식만 알면 된다고 생각하는 아이가 있는가 하면, 분수 나 눗셈은 고사하고 구구단조차 흐릿한 아이도 있다. 게다가 시간은 한정되어 있다. 분수 나눗셈에만 많은 시간을 보낼 수도 없다. 교 사는 계산의 속도나 타당함 여부보다도 수학적 의미나 수량의 이 미지에 대해 사고했으면 하고 바라지만, 산수를 싫어해서 계산식 을 쳐다보기도 싫어하는 아이가 있는가 하면, 전혀 의미도 모르고 기계적으로 계산하는 아이도 있으며, 반대로 의미에 구애되어 계산 조차 하지 못하는 아이도 있다.

　계산 도중 이쪽 편 아이가 탁월한 의문을 제출하는데, 맞은편에 서는 연필도 쥐지 않고 절망적으로 고개를 숙이고 있는 아이도 있 다. 그런가 하면 저쪽에서는 문제도 이해하지 못한 아이가 친구의 말에 상처를 입고 싸움을 걸기 시작한다. 그런가 하면 항상 산수 가 서툴러 속수무책이었던 아이가 오늘은 친구의 도움으로 알았 는지 계산에 몰두하느라 정신이 없다.

이처럼 수업 중에 일어나는 사건들은 복잡하게 얽혀 진행된다. 교사는 여러 딜레마에 처하면서 몇몇 사항을 순간적으로 판단하고 처리한다. 미시건대학교의 교수이면서 초등학교 교사로서 수업실천을 수행하며 교육학 연구를 추진하고 있는 램퍼트는 교사의 일을 '딜레마 관리dilemma managing'라고 하였다.

램퍼트가 말한 것처럼 교사의 수업실천은 딜레마 관리로 수행된다. 교실에서 교사의 일은 저글링으로도 비유될 수 있다. 저글링은 길거리 연예단의 곡예인데 한 번에 세 개나 네 개의 공 또는 막대를 동시에 던져 묘기를 부리는 것이다. 저글러에게는 한순간의 방심도 허용되지 않으며 공이나 막대가 하나 더 늘면 패닉 상태가 되어 붕괴되고 만다.

교실의 딜레마는 관리만으로 대처할 수 있는 것이 아니다. 처리능력을 넘어서는 딜레마에 대해서 교사는 코핑coping에 의해 대처하고 있다. 코핑이란 딜레마의 근본적인 해결은 되지 않더라도 딜레마를 같이하며, 딜레마의 조정을 꾀하는 방법이다. 수업실천을 관찰해보면 교사가 딜레마 관리와 딜레마 코핑을 나눠 사용하면서 교실에 일어나는 여러 복잡한 사항에 대처하는 방략을 형성하고 있다는 것을 알 수 있다.

제9장

수업 디자인

1. 수업의 조직

수업을 만드는 과정은 세 가지 단계로 나뉜다. 첫 번째 단계는 '계획 혹은 디자인' 단계다. 두 번째 단계는 '실시 혹은 실천' 단계다. 세 번째 단계는 '평가 혹은 반성' 단계이다. 행동과학에 의한 양적 연구방법과 행동과학 이후의 질적 연구방법에서는 이 세 단계에 대해 다른 사고방식을 취한다.

행동과학의 방법에서 수업 만들기는 '계획, 달성, 평가'라는 세 가지 단계의 직선적 과정으로 인식된다. 그리고 수업과 학습과정은 계획 단계의 교육 목표와 결과로서의 학업 성적 평가 사이의 인과 관계를 과학적으로 조사하고, 생산성과 효율성이 더 높은 수업과정 통제를 요구한다. 그런 까닭으로 행동과학에 의한 수업연구는 '과정=산출 모델 연구process-product research'라고 불린다. '과정=산출 모델'의 수업 3단계에서 중시되는 것은 계획(예측)이고 '교육 목표'에 따른 평가이다.

그에 반해 행동과학 이후의 수업연구는 수업과 학습과정, 경험 그 자체를 중시하는 연구로 이행하였다. '과정=산출 모델'에서는 블랙박스로 간주된 교실의 사건과 경험 그 자체의 의미를 중심으로 연구를 진행하며, 사건에 대한 성찰이나 경험에 대한 반성으로써 수업실천을 개선하려고 한다. 이러한 시각에 따르면 수업은 계획에 의해 과정을 통제하여 그 가치를 결과로 평가하는 것과는 다르다. 수업은 디자인되고, 교실 속의 활동으로 끊임없이 수정되며, 수업 속에서 복잡한 사건의 의미를 성찰하고 반성하는 것에 의해 더욱 의미 있는 경험이 창조된다. 그래서 디자인, 실천, 반성은 단계적 과정이 아니라 서로 왕래하는 순환적인 과정으로 인식된다.

2. 수업의 구조

수업에서 교사는 어떠한 활동을 수행하고 있는 것일까? 램퍼트가 제시한 수업의 기본 모델을 참고해서 수업에서 교사 활동 구조를 확인해두자.

수업은 교사와 학습자 간의 실천이다(그림 9-1). 교사와 학생은 다른 의도와 목적을 갖고 있지만 양자는 협동의 실천을 수행한다. 그와 동시에 교사는 교육내용(교재)과 실천을 수행한다(그림 9-2). 교사와 교육내용 간의 실천은 수업 준비를 위한 교재연구에서 순수한 형태로 등장한다. 이 실천은 수업 후의 반성 단계에서도 수행되며 수업 그 자체 속에서도 수행된다. 마찬가지로 학생도 교육내용과 실천을 수행한다(그림 9-3).

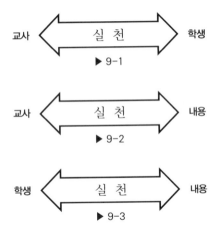

수업에서 학생과 교육내용 간의 실천은 교사의 실천에 의해 방향이 잡히고 통제된다. 즉, 더 나은 배움이 될 수 있도록 학생과 교육내용 간의 실천과 학생과 교사 간의 실천이 수행된다.

교사와 학생, 교육내용이라는 세 요소 간의 실천을 종합해서 나타낸 것이 그림 9-4이다. 이 그림을 보면 알 수 있는 것처럼 교사의 실천은 ① 교사와 학생 간의 실천, ② 교사와 교육내용 간의 실천, ③ 학생과 교육내용 간의 실천과 교사 간의 실천이라는 세 가지로 수행되고 있다.

현실의 교실은 더 복잡하다. 그림 9-4에서 보이는 학생은 통상 30명 전후이니, 이 그림의 기본 구조는 서른 가지 정도의 집합이 된다. 나아가 학생이 복수이기에 학생과 학생 간에도 '실천'이 일어나고, 학생과 학생 간의 '실천'과 교사 간에서도 '실천'이 일어난다.

앞서 언급한 복잡한 실천을 모두 종합한 것이 그림 9-5이다. 이

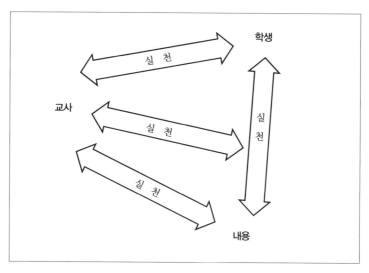

▶ 9-4

그림에서는 9-4에서 교사의 세 가지 실천을 횡단하고 종합하는 실천이 나타나고, 이 실천은 복수의 학생들로 확장된다. 교사의 실천은 교사와 학생 간의 실천, 교사와 교육내용 간의 실천, 그리고 학생과 교육내용 간의 실천과 교사 간의 실천, 학생과 학생 간의 실천과 교사 간의 실천이라는 몇 가지 실천들을 종합한 복합적 실천으로서 수행되고 있다.

　수업을 디자인하고 수행하며 평가하는 교사의 실천은 이처럼 복잡한 '실천'을 종합한 '실천'을 디자인하고 수행하고 평가하는 것을 의미한다.

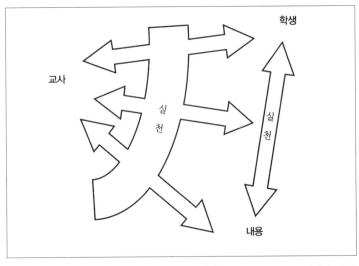

▶ 9-5 〈이상은 램퍼트(Lampert, M, 2001)에서 인용〉

3. 수업을 디자인하고 창조한다

　수업 디자인과 실천과정을 따라가 보자. 교사는 교육과정의 단원 내용과 학생의 흥미나 관심을 고려하고 수업을 디자인한다. 디자인이라는 행위는 아이가 쌓기나무로 건물을 지을 때처럼 손으로 더듬듯이 생각을 구체적인 형태로 표현하는 것을 의미한다. 쌓기나무놀이에서 아이는 "그래, 좋은 생각이 났어." 하고 중얼거리며 도중에 몇 번이나 생각을 바꾸며 건물 형태를 변화시킨다. 이처럼 디자인은 대상과의 끊임없는 대화에 의해 생성 발전한다. 수업 디자인도 마찬가지다. 교육내용의 주제와 학생과의 창조적인 대화에 의해 하나의 수업 형태가 디자인되어 간다. 이 디자인은 수업 전, 수업 중, 수업 후를 거쳐 끊임없이 수정된다.

　수업 디자인에서 결정적으로 중요한 것은 주제다. 그 교재에서 학생과 무엇을 추구할 것인가? 그 주제는 어떠한 배움의 발전을 초래하는 것인가? 그러한 통찰이 수업에서 학생의 학습 경험의 질을 결정짓는다.

　수업 디자인에서 주제 다음으로 중요한 것이 과정의 조직이다. 아무리 의미 있는 주제라도, 충분한 탐구와 표현의 과정이 조직되지 않으면 학습 경험은 빈약해진다. 학생의 학습 경험을 인지적(문화적) 경험, 대인적(사회적) 경험, 자기내적(실존적) 경험으로서 풍성하게 실현하기 위해 과정이 디자인된다. 그리고 교실에서의 실천 단계에서는 디자인과 성찰을 짜 넣은 복잡한 활동이 전개된다.

학생과 나누는 의사소통 측면에서 교사의 활동은 크게 두 가지로 구성된다. 하나는 '개인에 대한 대응'이다.

'개인에 대한 대응'은 의사소통의 기본적 요건일 뿐만 아니라 도움을 필요로 하는 학생에 대한 대응으로서 중요하다. 학생의 능력이나 개성, 관심이 다양한 것처럼 한 명 한 명의 학생이 필요로 하는 도움도 다양하다. 저마다 체격이 다른 사람들의 양복을 만드는 재단사와 같이 교사가 행하는 개인에 대한 대응을 테일러링tailoring이라고 한다.

교사가 학생과의 의사소통으로 수행하고 있는 또 다른 활동은 개인과 개인의 차이를 조정하는 것이다. 교실은 다양한 생각과 이미지를 서로 교류하고 서로 배우는 장소이다. 과제 하나에도 다양한 접근이 나오고 낱말 하나에도 다양한 이미지가 표현되며 하나의 의미에도 다양한 맥락이 들어 있다. 교사에 의해 한 명 한 명의 생각과 이미지의 차이가 존중되고, 활발하게 교류되는 교실에서는 학습이 풍부하고 확실하게 전개된다. 이렇게 개인과 개인의 차이를 조정하는 조직 활동을 오케스트레이팅이라고 한다. 한 명 한 명 다른 음색과 다른 소리로 서로 울림을 낳는 오케스트레이팅은 교실의 의사소통을 풍성하게 하는 가장 중요한 방법이다.

성찰과 반성은 수업 전, 중, 후를 거쳐 이루어진다. 성찰과 반성은 두 가지 대화에 의해 성립한다. 하나는 상황과의 대화이며 다른 하나는 자기와의 대화이다. 이 두 가지는 실천을 성립시키는 기본 요건이며, 성찰과 반성의 능력은 전문가로서의 교사 능력의 중핵을 형성한다. 또한 성찰과 반성은 상황이 제기하는 과제를 스스로의 책임으로 떠맡는 활동이기도 하다.

수업 평가

1. 행동과학의 방법

최근 30년간 수업과 교육과정의 평가연구는 크게 양상이 변했다. 실증주의에서 후기실증주의로, 구조주의에서 후기구조주의로, 규범적 접근에서 해석적 접근으로 전환되었다. 이러한 전환은 1970년대부터 1980년대에 걸쳐 진전된 행동과학 패러다임에 대한 비판을 출발점으로 한다.

우선 수업연구에서 행동과학의 대표적인 모델을 제시해보자. 그림 10-1은 던킨과 비들이 『수업연구』(1974)에서 나타낸 연구 모델이다. 던킨과 비들의 모델은 수업과정을 '전제변수(교사의 경험이나 능력)',

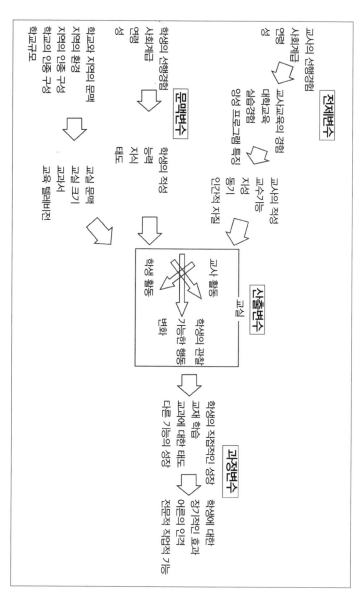

전제변수

교사의 선행경험
사회계층
연령
성

교사교육의 경험
대학교육
실습경험
양성 프로그램 특징

교사의 작성
교수기능
지성
인간적 자질

맥락변수

학생의 선행경험
사회계층
연령
성

학생의 작성
능력
지식
태도

학교와 지역의 문맥
지역의 환경
지역의 인종 구성
학교의 인종 구성
학교규모

교실 문맥
교실 크기
교과서
교육 텔레비전

산출변수

교실

교사 활동

학생 활동

교사의 관찰
가능한 행동

학생의 관찰
가능한 행동

변화

과정변수

학생의 직접적인 성장
교재 학습
교과에 대한 태도
다른 기능의 성장

학생의 직접적인 성장
장기적인 효과
어른의 인격
전문적 직업적 기능

▶ 10-1 수업연구의 행동과학 모델(Dunkin, M. J. and Biddle, B. J., 1974에서)

'문맥변수(학생의 자질과 능력, 환경)', '과정변수(교사와 아이의 관찰 가능한 행동)', '산출변수(교육의 효과와 결과)'라는 네 가지 변수군으로 나누어 제시하고 있다. 이들 네 가지 변수군은 블랙박스로 설정된 교실 속의 '과정변수'와 수업과 학습의 결과인 '산출변수'의 관계로 집약되어 연구된다. 따라서 행동과학에 의한 방법은 일반적으로 '과정=산출 모델process-product model'이라고 불린다.

'과정=산출 모델'의 수업연구에서는 독립변수(input: 교재나 프로그램, 수업 기술)와 종속변수(output: 학력 평가 결과와 행동의 변화)의 상관관계를 양적으로 분석하여, 그 인과관계를 탐구한다. 이렇게 방대한 양의 과학적 연구가 수업과 교육과정의 평가연구로서 전개되었다.

'과정=산출 모델'의 수업 평가에서는 수업과 학습의 과정은 가치 중립적인 기술적 과정으로 간주되고, 교사와 아이의 활동 기록은 관찰 가능하고 양화 가능한 것으로 한정되며, 교실에서 일어나는 학습의 경험은 블랙박스로 간주되었다. '과정=산출 모델'을 넘어서는 패러다임 전환을 주장한 스탠퍼드대학교의 리 슐만은 '과정=산출 모델'의 연구에서 세 가지 C를 빠뜨리고 있다고 지적하였다. 내용Content과 인지Cognition, 문맥Context이 그것이다.

그것과 무관하게 행동과학에 의한 '과정=산출 모델'의 수업연구는 1960년대와 1970년대에 압도적인 영향을 끼쳤다. 복잡한 수업 과정을 과학적인 기술로 합리적으로 통제하려는 욕망이 행동과학 수업 평가의 압도적인 지배를 낳았던 것이다.

2. 질적 연구 방법

1970년대 이후 '과정=산출 모델'로 대표되는 행동과학의 수업연구와 교육과정 평가연구는 문화인류학과 인지심리학, 예술비평이나 민속지학적 연구에 의해 교실연구와 교육과정 평가를 수행하는 사람들의 비판 대상이 되었다.

문화인류학의 방법은 특정 지역을 장기간에 걸쳐 참여 관찰하고 거기서 발견하고 기록한 사상으로부터 그 지역사회나 문화의 특징을 개성적으로 기술하는 것이다. 이러한 문화인류학적 방법을 도입함으로써 행동과학에 의한 '과정=산출 모델'의 한계를 극복하는 연구가 추진되었다. 1972년에 캠브리지대학교에서 개최된 교육과정평가연구회에서 파렛과 해밀턴Parlett & Hamilton은 조명적 평가 illuminative evaluation를 제창하였다. 조명적 평가란 '과정=산출 모델'에서 블랙박스로 간주된 교실의 사건에 조명을 비추는 비유를 의미한다. 파렛과 해밀턴은 교실의 사건을 빠짐없이 관찰하고 기술함으로써, 그 사건의 사회적·문화적 의미를 탐구하는 것이 교육과정 평가의 중심 과제라고 주장하였다.

나아가 미국의 스탠퍼드대학교의 미술교육연구자 엘리엇 아이스너는 미술비평을 모델로 하는 수업과 교육과정의 평가방법을 제창하였다. 아이스너는 아이의 학습 경험에는 행동 목표로 기술할 수 있는 영역 외에 문제 해결의 목표로 기술할 수 있는 영역, 혹은 표현의 목표로 기술할 수 있는 영역이 있다고 주장하면서, 행동 목표에 의한 기술은 그 일부에 지나지 않는다고 비판하였다. 아이스너는 교육 평가의 질적 연구로서 교육적 감식educational connoisseurship과 교육적 비평이라는 두 가지 방법을 제시하였다. 교육적 감식이란 와인 음미나 골동품 감정처럼 경험에 근거를 둔 센스에 의해 교육에서 일어난 일을 평가하는 방법이다. 한편 교육적 비평은 미술사가나 미술연구자의 비평처럼 학문적인 지식이나 이론에 의해 교육에서 일어난 일을 평가하는 방법이다. 아이스너는 교육과 같은 복잡한 문화적 경험은 이 두 가지 방법을 종합해서 평가해야 할 것이라고 주장했다.

수업과 교육과정의 질적 연구(해석적 접근) 방법으로서 그 밖에 상징적 상호작용론의 연구와 민속지학적 연구가 있다. 상징적 상호작용론에서는 교육 사건의 문화적인 의미가 사람들의 상호작용에 의해 구성되는 과정을 분석한다. 다른 한편, 민속지학적 연구는 교육과정에 나타나는 의사소통을 회화분석의 방법으로 해명하고 교육의 권력관계가 의사소통에서 어떻게 생성되고 기능하는지 분석한다. 이러한 질적 방법은 '과정=산출 모델'에서 은폐되어 있는 교육의 문화적인 의미나 정치적 과정과 권력의 기능을 밝히는 연구를 낳았다.

3. 공학적 접근과 라쇼몽적 접근

1975년에 문부성과 OECD의 공동 개최로 열린 '교육과정 개발의 과제'에 관한 국제회의에서 스탠퍼드대학교의 아트킨이 제시한 공학적 접근과 라쇼몽적 접근은 양적 연구와 질적 연구의 대비를 명확히 보여주었다(표 10-1/ 10-2).

| 평가와 연구 |

공학적 접근	라쇼몽적 접근
목표에 준거한 평가 (goal-reference evaluation)	목표에 구애되지 않는 평가 (goal-free evaluation)
일반적인 평가 구조(general schema)	다양한 시점(various perspectives)
심리측정 평가(psychometric tests)	상식적 기술(common sense description)
표본추출법(sampling method)	사례법(case method)

| 목표, 교재, 교수·학습 과정 |

	공학적 접근	라쇼몽적 접근
목표	행동 목표(behavioral objectives)	비행동적 목표(non-behavioral objectives)
교재	특수적임(be specific) 교재 풀에서 샘플을 취하고 '계획된 배치' (sampling from material pool and "planned allocation")	일반적임(be general!) 교수·학습 과정에서 교재의 가치를 발견함 (discovering the values of materials in teaching-learning process)
교수학습 과정	규정 코스를 거침(predecided)	즉흥을 중시(impromptu)
강조점	교재의 정선, 배렬 (design of teaching materials)	교원 양성 (teacher training, in-service training)

표 10-1/10-2 「공학적 접근」과 「라쇼몽적 접근」의 대비

라쇼몽적 접근은 아쿠타가와 류노스케의 소설 「덤불 속藪の中」을 제재로 한 구로사와 아키라의 영화 「라쇼몽」에 연유하여 지은 이름이다. 소설 「덤불 속」(영화 「라쇼몽」)의 묘사에 따르면 단일한 사건이 입장을 바꾸면 다양한 시각을 띠고 다양한 의미를 가지게 된다. 그 각각이 진실인 것이다. 교실의 사건도 시각을 바꾸고 입장을 바꾸면 다양한 의미나 가치를 나타낸다. 그 모든 것이 진실의 일면이기 때문에 사회적·문화적 사건의 의미 인식은 영화 「라쇼몽」처럼 다양한 시각의 종합에 의해 더 정확하고 더욱 풍성해질 수 있다.

표 10-1/10-2에 나타나듯이 공학적 접근은 생산시스템을 모델로 하는 교육공학의 접근이다. 개발의 일반적 방략은 〈일반 목표〉→〈특수 목표〉→〈행동 목표〉→〈교재〉→〈교수·학습 과정〉→〈행동 목표에 따른 평가〉라는 단계적 절차로 나타난다. 이러한 접근은 분석적이고 원자론적인 접근을 특징으로 한다.

그에 반해 라쇼몽적 접근은 인식에서 상대주의 입장을 표명하고 한 가지 사상을 다른 입장, 다른 관점에서 기술하고 평가하는 전체론적 접근 방법이다. 개발의 일반적 방략은 〈일반 목표〉→〈창조적 교수·학습 활동〉→〈기술〉→〈일반 목표에 따른 판단 평가〉라는 단계로 나타난다.

교육과정 평가에 있어서 공학적 접근은 특수화된 행동 목표에 준거한 심리측정학적인 양적 평가가 시행된다. 반면에 라쇼몽적 접근은 '목표에 구애되지 않는 평가'가 시행되고 주관적이고 상식적인 기술을 다각적으로 시행하며 종합하는 것이 특징이다. 연구방법으로서 공학적 접근은 표본추출법을 취하는 데 반해 라쇼몽적 접근에서는 사례법이 취해진다. 이처럼 공학적 접근(양적 접근)과 라쇼몽적 접근(질적 접근)은 철학도 원리도 방략도 달리하는 교육 평가의 두 가지 접근인 것이다.

제11장

수업연구 (1)

— 분석 방법

1. 플랜더스의 상호작용분석

수업과 학습은 의사소통에 의해 수행된다. 지금까지 교실의 의사
소통을 분석하고 평가하는 다양한 연구가 수행되었다.

행동과학에 의해 수업과정의 의사소통을 분석하는 대표적인 방
법으로 1970년대에 보급된 플랜더스의 상호작용분석이 있었다.
여기에서는 수업 중의 교사와 아이의 발언을 3초 단위로 모두 10
개 범주로 나눠 기록한다. 표 11-1은 플랜더스의 상호작용분석 10
개 범주를 나타낸 것이다. 이 범주에 의하면, 예를 들면 어떤 발언은
"5-5-5-4-8-8-3-3-3……"으로 기록되었다. 이 기록을 토대로 두

개 항목의 전후 관계를 보고 그 빈도를 그림 11-1처럼 매트릭스로 표현한다. '5-5'의 조합은 '전5·후5'의 칸에, '4-8'의 조합은 '전4·후8'의 칸에 해당한다. 이렇게 해서 플랜더스의 상호작용분석에서 대상으로 삼은 수업의 발언이 어떠한 경향을 갖고 있는지 진단할 수 있다. 또한 플랜더스는 교사의 간접적 영향이 많은 수업을 뛰어난 수업으로 간주하였다. 그림 11-1에서 보면 왼쪽 위 칸의 빈도가 많은 수업이 뛰어난 수업이라고 진단한다.

플랜더스의 상호작용분석은 코딩에 익숙해지기만 하면 누구라도 쉽게 실시할 수 있고, 객관적·과학적으로 수업을 분석할 수 있기 때문에 세계 각국의 수업연구에 널리 보급되었다. 단 객관적이라는 것은 주의가 필요하다. 표 11-1의 10개 범주 중에 7항목까지는 교사 발언이고, 학생 발언은 8, 9항목밖에 없다. 플랜더스의 상호작용분석은 교사가 주도하는 수업을 상정하여 작성되어 있어서, 아이들이 적극적으로 참가하는 수업분석에는 부적절하다.

전＼후	1	2	3	4	5	6	7	8	9	10
1								교사의 대응	학생의 발언을 촉진하는	
2	교사의									
3	직접적 영향									
4										
5					교사의					
6					간접적					
7					영향					
8	학생의 발언에 대한									
9	교사의 반응									
10										

▶ 11-1 범주 분석에 의한 매트릭스

교사의 발언	대응	(1) 감정의 수용 (2) 칭찬과 격려 (3) 학생의 생각 수용과 활용
		(4) 발문
	주도	(5) 강의 (6) 지시 (7) 비평과 권위의 정당화
학생의 발언	대응	(8) 학생의 발언=응답 (9) 학생의 발언=주도
	주도	
침묵		(10) 침묵과 혼란

표 11-1 상호작용분석 범주

나아가 이러한 분석방법에서는 모든 발언의 요소가 동등한 가치를 지니는 것으로 취급된다. 그러나 현실의 수업에서는 거의 무가치한 것으로 생각되는 발언도 있고 한 가지 발언이 결정적인 의미를 갖는 것도 적지 않다. 이러한 결점을 가장 잘 나타내는 것이 10번째 범주인 침묵일 것이다. 수업 중의 침묵은 무한이라고 말해도 좋을 정도의 의미를 갖고 있다. 하나의 경험에서 다음 경험으로 옮아가는 공백으로서의 침묵도 있고, 경험이 너무 깊어 말로 표현할 수 없을 정도로 밀도 높은 침묵도 있다. 그러나 플랜더스의 상호작용분석에는 다양한 침묵이 동등한 침묵으로 취급된다.

2. 벨락의 교수학적 수법

수업의 의사소통 과정을 양적으로 분석하는 또 다른 방법으로서 벨락 등의 수업분석 방법을 소개해두려 한다. 1960년대 후반에 벨락 등은 수업과정에서 발언의 내용 단위와 그 기능 단위 양쪽의 구조를 나타내는 방법을 개발했다. 이 분석방법은 이 시기에 개발된 IBM 대형 컴퓨터 사용을 전제로 삼아, 8가지 차원의 범주로 발언을 코딩하는 복잡한 내용으로 되어 있다. 벨락 등이 설정한 분석범주는 ① 말하는 사람, ② 교수학적 방법, ③ 제재의 의미, ④ 제재-논리학적 의미, ⑤ ③과 ④의 행수, ⑥ 지도적 의미, ⑦ 지도-논리적 의미, ⑧ ⑥과 ⑦의 행수로 나타난다. 예를 들면 다음의 발언은 아래와 같이 코딩된다.

> 교사: 얘들아 있잖아, 이번에는 원유 수출국과 수입국의 관계에 대해서 살펴볼 건데, 중근동 지역에는 막대한 석유가 매장되어 있다고 해. 먼저 지도에서 매장량을 확인해둘까?
>
> **T/STR/IMX/XRL/4/PRC/FAC/2**

이 코딩에서 나타난 의미는 교사(T)가 말의 문맥을 전환하는 구조적 전략(STR)을 써서 발언하고, 그 가운데 수출입(IMX)에 관한 설명(XRL)을 4행분 수행하며, 수업의 절차(PRC)에 관한 사실 제시(FAC)를 2행분 지시한 것을 나타낸다. 벨락 등은 이와 같은 다차원에 걸쳐 있는 코딩에 의해 중학교의 여러 지리 수업을 분석하고 그 일반적 특징을 밝히고자 했다.

벨락 등의 분석에서 흥미로운 것은 교수학적 방법이라는 분석이다. 벨락 등은 수업 중의 발화가 구조화(STR), 유인(SOL), 응답(RES), 반응(REA)의 네 가지 기법으로 성립하는 점에 주목하고 그 관계에 대해 고찰한다. 구조화란 회화의 문맥을 결정하는 기법이며 새로운 화제를 내놓거나 화제를 전환하는 발화의 기법이다. 유인은 발문하거나 지시하거나 하는 발화의 기법이다. 응답은 구조화와 유인에 대해 응답하는 발화의 기법이다. 그리고 반응은 구조화나 유인, 응답에 대한 반응으로서 승인하거나 거부하거나 평가하는 발화의 기법이다.

이 네 가지 교수학적 기법에 주목하면 몇 가지 기법의 조합에 의한 회화의 단위가 떠오른다. 우선, 구조화의 기법은 반드시 회화 단위 중 최초로 오기 때문에 구조화를 기점으로 삼는 회화 단위가 나온다. 다음으로 유인도 응답이나 반응보다 주도적으로 작용하기 때문에 유인에서 시작하는 회화 단위가 구성된다. 응답과 반응은 각각 선행하는 구조화와 유인에 대한 대응으로서 나타나기 때문에 이 두 가지가 회화 단위의 시작을 만들어내지 않는다. 이 조합에 주목해서 회화 단위를 나타내는 것이 표 11-2이다.

벨락 등의 조사연구에서는 21종류로 된 교수 사이클 중 열여덟 번째 패턴 'SOL-RES-REA'이 수업 중 회화의 80퍼센트가량을 차지한다고 보고한다. 즉 교사가 발문하고(SOL), 학생이 응답하고(RES) 그 응답을 교사가 평가하는(REA)는 회화의 반복이 수업의 대화 대부분을 차지하고 있다는 것이다. 벨락 등의 조사연구는 미국의 중학교 지리 수업을 대상으로 한 것이지만, 영국 연구자에 의한 영국 중학교 지리 수업의 조사 결과에서도 거의 같은 결과가 나왔다고 보고되었다. 이 발견은 교실의 의사소통의 권력구조를 나타내는 것으로 그 후에 민속지학적 연구에 의한 교실연구로 계승되었다.

#							
1	STR						
2	STR	SOL					
3	STR	REA					
4	STR	REA	REA	......			
5	STR	SOL	RES				
6	STR	SOL	RES	RES	......		
7	STR	SOL	REA				
8	STR	SOL	REA	REA	......		
9	STR	SOL	RES	REA			
10	STR	SOL	RES	REA	REA	......	
11	STR	SOL	RES	REA	RES	......	
12	STR	SOL	REA	RES	......	REA	......
13	SOL						
14	SOL	RES					
15	SOL	RES	RES	......			
16	SOL	REA					
17	SOL	REA	REA	......			
18	SOL	RES	REA				
19	SOL	RES	REA	REA	......		
20	SOL	RES	REA	RES	......		
21	SOL	RES	REA	RES	......	REA	......

표 11-2 교수학적 수법에 의한 의사소통 단위(교수 사이클)의 구조

3. 메한의 민속지학적 연구

　민속지학적 연구에 의해 교실의 회화분석을 수행한 메한은 일반 회화와 교실 회화에는 표 11-3과 같은 현저한 차이가 있다고 지적하였다.

　이 두 회화의 차이는 명료하다. 일반 회화에서는 모르는 사람이 알고 있는 사람에게 묻는 것임에 반해 교실에서는 알고 있는 교사가 모르는 아이에게 묻는다. 그리고 가장 큰 차이가 맨 마지막 발화에서 나온다. 질문에 대한 응답에 대해 일반 회화에서는 고맙다고 말하는 것인 데 반해 교실에서는 교사가 평가를 행한다. 메한은 일반 회화에서 인사에 대해서는 인사, 질문에 대해서는 응답, 감사에 대해서는 감사의 응답이라는 대조적인 2항이 회화 단위를 구성하는 데 반해, 교실 회화에서는 교사의 발문teacher initiative과 학생의 응답student response, 그리고 교사의 평가teacher evaluation라는 'IRE' 3항이 회화의 기본단위를 구성한다고 하였다. 이 'IRE' 중 맨 마지막 'E'가 교사의 권력을 기능하게 하는 것이다. 메한이 지적한 'IRE'의 구조는 벨락 등의 교수 사이클 가운데에서 가장 빈도가 높았던 'SOL·RES·REA'의 회화 패턴에 상응한다.

　메한은 이 'IRE'의 조합이 수업의 도입 부분과 전개 부분, 총괄 부분에서 다른 점에 착목하여, 수업의 전개를 표 11-4와 같이 정리해서 제시하였다. 교사도 아이도 이 표와 같은 회화 구조를 서로 구성해내면서 권력관계를 구성하고 수업을 전개하고 있다는 것이다. 그와 함께 교사도 아이도 이 일련의 약속으로서 전개되는 수업 중에, 때로는 그 약속한 일로부터 일탈하는 즉흥적인 활동도 전개하고 있다. 즉흥적인 활동이 많으면 많을수록 수업은 창조적으로 된다고 말할 수 있다.

일반 회화	교실 회화
사라, 몇 시니? 두 시 반이야. 고마워.	사라, 몇 시니? 두 시 반요. 맞았어.

표 11-3 일반 회화와 교실 회화

사상	수업					
단계	도입		전개		정리	
유형	지시적	권위적	화제군 유발적	화제군 유발적	정보적	지시적
조직	I-R-E	I-R-(Eo)	I-R-E I-R-E	I-R-E I-R-E	I-R-(Eo)	I-R-E
참가 형태	교사- 학생-교 사	교사- 학생-교 사	교사- 학생-교 사	교사- 학생-교 사	교사- 학생-교 사	교사- 학생-교 사

표 11-4 교실 지시 구조(Mehan, 1979)

4. 수업연구의 두 가지 양식

수업연구는 행동과학을 기초로 하는 양적 연구로부터 수업과정에서 사건 의미와 관계를 해석하는 질적 연구로 발전하고 있다. 행동과학의 양적 연구는 다수의 수업 사례를 표본추출해서 교육기술의 일반화를 추구하는 법칙정립학으로서 추진되어온 것이다. 이에 반해 질적 연구는 하나의 교실을 집약적으로 관찰하고 기술해서 수업 중 사건의 의미를 해명하는 개성기술학으로서 추진되고 있다. 이 두 가지 수업연구 양식의 대비를 나타낸 것이 표 11-5이다.

	수업의 양적 연구	수업의 질적 연구
목적	프로그램의 발전과 평가 문맥을 넘어선 보편적 인식	교육적 경험의 실천적 인식 문맥에 섬세한 개별적 인식
대상	다수의 수업 샘플	특정의 한 가지 수업
기초	교수학, 심리학, 행동과학 실증주의 철학	인문사회과학과 실천적 인식론 후기 실증주의 철학
방법	양적 연구, 일반화 표본추출법, 법칙정립학	질적 연구, 특이화 사례 연구법, 개성기술학
특징	교육효과의 인과관계 설명	경험의 의미와 관계(인연)의 개시
결과	수업 기술과 교재 개발	반성적 사고와 실천적 견식의 형성
표현	명제(패러다임)적 인식	내러티브적 인식

표 11-5 수업연구의 두 가지 양식

표 11-5에서 보는 것처럼 수업의 양적 연구와 질적 연구는 각각 목적, 대상, 기초이론, 방법, 특징, 결과, 표현양식에 있어서 완전히 다른 연구이다. 오늘날 수업연구는 질적 연구를 중심으로 발전하고 있지만 양적 연구의 가치가 사라진 것은 아니다. 규모가 큰 프로젝트 연구에서는 양적 연구와 질적 연구를 종합한 연구를 실시하는 것이 일반적이다. 그러나 수업 하나하나를 개별적으로 연구하는 충실한 질적 연구야말로 교사의 실천적 연구에서 중심 과제이다. 앞으로는 교육연구자와 교사의 협동에 의한 수업의 질적 연구 발전이 무엇보다도 요구된다고 생각한다.

제 12 장

수업연구 (2)

― 언어와 사회

1. 교실 언어

교실 언어와 담화discourse는 수업과 학습의 경험을 구성하고 그 질을 규정할 뿐만 아니라 교실이라는 사회를 구성하고, 교실 밖의 사회와 관계를 구성한다. 교실의 담화연구를 수행한 하버드대학교의 카즈덴Cazden은 교실 언어의 세 가지 기능에 착목했다. 첫 번째는 명제기능이다. 여기서 말하는 명제란 'OO은 ××이다'라는 명제의 형태로 나타난 인지내용을 의미한다. 그리고 명제기능이란 교육내용의 전달에 관한 기능을 의미한다. 교실 언어가 명제기능을 중심으로 구성되어 있는 것은 분명하다. 카즈덴은 교실 언어가 명제기능에서 사용될 때에도 제2의 기능인 사회기능과 제3의 기능인 표현 기능을 포함한다고 지적하였다. 사회기능이란 교실의 인간관계에 관한 기능이며, 표현기능이란 정체성이나 태도의 표명에 관한 기능이다. 아이가 한 가지 발언을 할 때 아이는 교육내용의 인지를 형성하고 전달하고 있을 뿐만 아니라 교사나 다른 아이와의 관계를 쌓는 동시에 자신의 정체성과 태도도 표명하고 있는 것이다. 교실에서 교사와 아이의 말은 이 세 가지 기능에 따라 파악할 필요가 있다.

나아가 카즈덴은 교실의 담화가 몇 가지 규약register들에 의해 조직되었다는 데 주목했다. 이들 규약은 교실의 작업 수행을 원활하게 하는 조건을 만들어내지만 다른 한편에서는 특정 아이들을 교실 담화로부터 배제하는 기능도 부가하고 있다. 비유하자면, 교사는 교실 담화의 암묵적 규약에 익숙한 원주민이고 아이는 그 규약에 익숙하지 않은 이주민으로서 수업에 참가하고 행동하고 있는 것이다.

2. 언어와 학력

교실 언어의 또 다른 큰 문제는 학력 격차와 언어의 관계를 둘러싼 문제이다. 초등학교 중학년부터 고학년에 걸쳐 학력 격차가 확대되고 고정되는 현상이 많은 나라에서 나타나고 있다. 그 요인 가운데 하나가 교실에서 규범화되어 있는 언어와 아이의 일상 언어 사이의 차이에 있지 않은가 하는 가설을 많은 연구자들이 검토해 왔다. 그 대표적인 연구가 영국의 언어사회학자 번스타인이 수행한 노동자계급과 중산계급의 언어와 교실 언어의 비교연구다.

번스타인은 노동자계급이 사용하는 언어가 특정 문맥에서 의미가 통하는 한정 코드restricted code로 구성되어 있는 반면에 중산계급이 사용하는 언어는 일반화된 추상 개념을 논리적으로 활용하는 정밀 코드elaborated code로 구성되어 있는 점에 주목했다. 한정 코드에서는 일반적으로 구체적인 사실이나 단어로만 이루어진 발화나 명령문이 많이 사용되고, 긴 문장에는 '그리고and'로 병렬적으로 접속하는 중문이 기본적으로 사용된다. 반면 정밀 코드에서는 추상적인 언어가 많이 사용된 하나의 문장이 기본이고 긴 문장의 경우는 관계대명사를 사용하는 복문으로 표현되는 경우가 많다. 관계대명사의 사용은 일반화와 추상화의 기능을 포함한다. 번스타인은 교실 언어가 정밀 코드를 특징으로 하기 때문에 중산계급의 아이들에게는 유리하게 작용하는 반면 노동자계급의 아이들에게는 불리하게 작용한다고 지적한다.

같은 연구가 스탠퍼드대학교 교육문화인류학자 히스Heath에 의해 수행되었다. 히스는 흑인 거주지 아이와 백인 노동자계급 거주지 아이, 백인 중산계급 거주지 아이의 언어와 학력의 관계를 조사했다. 히스의 지적에 따르면 흑인 거주지 아이는 추상적인 언어를 포함하지 않는 구체적인 이야기로 말하는 문화를 갖고 있고, 백인 노동자계급의 아이는 이야기를 구성하지 않는 개념적인 언어로 말하는 문화를 갖고 있는 반면, 백인 중산계급의 아이는 추상적인 개념을 구체적인 이야기로 결부시켜 표현하는 '문화인류학적 이야기' 문화를 갖고 있다고 한다. 이들 집단 중에 학교에서 가장 좋은 성적을 낼 수 있는 것은 백인 중산계급의 아이들이고, 그 다음으로는 백인 노동자계급의 아이들이며, 가장 성적이 낮은 집단은 흑인 아이들이다. 학교의 규범화된 언어문화와 아이들의 생활 언어 사이의 차이가 학력 격차를 낳고 있는 것이다.

　물론 학력 격차를 인종이나 계급, 언어의 차이로 환원하는 것은 지나치게 단순한 인식이다. 문화인류학의 방법으로 학교문화를 연구했던 캘리포니아대학교의 오그부Ogbu는 소수집단이지만 일본인이나 한국인, 중국인이 백인 이상으로 학교에서 좋은 성적을 올리고 있는 사실에 주목했다. 이 동아시아 출신의 소수자들이 학교에서 성공하는 비결은 흑인이나 멕시코인, 이탈리아인들과 달리 자신의 문화적 정체성을 버리고 백인문화와 자신을 동일시하는 데에 있다고 오그부는 지적했다. 동아시아 출신의 소수자들이 자신의 문화적 정체성을 버린 대가로 높은 학력을 얻게 되었다는 것이다.

　일본에서도 최근에 많은 이주민 아이들이 학교에 다니게 됨에 따라 이질적인 언어와 문화에 대응하기 위한 교실의 창조가 요구되고 있다. 어떠한 교실의 의사소통을 창조하면 소수자에 대한 차별, 배제, 동화를 극복하고 문화의 다양성을 보증할 수 있는 것인지 강하게 묻고 있다. 일본 교실문화의 경직과 획일성을 되묻는 시대가 왔다고 말할 수 있다. 동일성을 지향해온 일본의 교실에서 한 명 한 명 아이들의 차이가 존중받고 다양한 문화가 교류되는 의사소통을 창조하는 것이 이들의 수업실천과 수업연구의 과제 가운데 하나가 되었다.

3. 문화자본의 재생산

학교는 사회의 평등과 민주주의를 실현하는 제도이지만 현실에서는 계급이나 계층, 인종이나 성의 차이를 재생산하는 장소가 되고 있다. 프랑스의 사회학자 피에르 부르디외는 학교문화를 상징권력이라고 명명하고 학교가 문화자본의 재생산 기능을 다하고 있는 점을 보여주었다. 문화자본이라는 낱말은 경제자본과 같이 문화도 자본으로서 기능하고 있다는 것을 나타낸다. 부르디외는 학교가 가족의 문화자본(부모의 학력學歷과 교육력教育歷, 가족의 문화 환경)의 차이를 재생산하는 기능을 지적한다.

영국의 사회학자 폴 윌리스의 『학교와 계급재생산』(Learning to Labour, 1977)은 문화재생산에 관한 대표적인 연구 가운데 하나이다. 윌리스는 노동자계급의 아이들이 학교의 규범적 문화에 반발하고 비행조직을 만들어 대항 문화를 형성하는 모습을 기술하고 있다. 그와 함께 윌리스는 이 아이들이 학교에 반발하고 대항 문화를 형성함으로써 더한층 노동자계급의 하층 문화를 몸에 익혀 더욱더 노동자계급의 하층으로 편입되어가는 과정을 분석한다. 그들은 우등생을 '범생이'로 바보 취급하고 학교 교사의 지적 권위를 부정하며 학교문화의 중산계급적인 고상함을 경멸한다. 그렇지만 바로 그것을 거쳐 획득하는 노동의 시각이나 사회의 시각, 이성의 시각에 의해 주변부 계급으로 들어가게 된다. 문화재생산은 학교의 외부 통제를 거쳐 수동적으로 수행되고 있을 뿐만 아니라 오히려 학교교육의 내부 과정을 통해 능동적으로도 수행되고 있는 것이다.

4. 잠재적 교육과정

학교의 권력관계의 재생산은 잠재적 교육과정의 기능으로서 연구되어왔다. 잠재적 교육과정이란 학교생활에서 무의식적으로 기능하고 있는 정치적·이데올로기적 인간 형성 기능을 의미한다. 아이들은 학교에서 명시된 '표면적 교육과정'만을 배우고 있는 것은 아니다. 교사도 아이도 의도하지 않은 잠재적 교육과정을 배우고 있다. 예를 들면 교사는 수학 내용을 가르치고 있다고 생각하지만 아이는 수학이 공식 암기와 적용에 지나지 않는 교과라든가, 수학은 일부 재능 있는 사람이 만든 학문이라든가, 정답은 한 가지로 고정불변이라든가, 열등한 아이는 뛰어난 아이를 앞설 수 없고 모방밖에 할 수 없다는 것을 배우고 있는 것일지도 모른다. 이처럼 잠재적 교육과정은 학교의 목적이나 교사의 의도 이면에 무의식으로 작용하고 있는 정치적·이데올로기적 사회화 기능을 의미한다.

잠재적 교육과정의 개념을 최초로 제시한 시카고대학교의 교육학자 필립 잭슨은 교실생활을 군집crowd, 칭찬praise, 권력power 세 가지로 특징화했다. 한 명의 교사 아래 군집을 만들어 학습하는 교실에서는, 교사는 물자를 배급하는 중사의 역할과 시간 관리자의 역할을 다하고 아이는 끊임없이 열을 지어 자기 차례를 참고 기다리는 것을 배운다.

끊임없이 칭찬하고 평가하는 것은 교실생활의 특징이다. 아이는 끊임없이 달성도로 평가되지만 학습은 평가의 일부에 지나지 않는다. 산수 계산을 틀리더라도 교사에게 꾸중을 듣지는 않지만, 지나치게 떠들거나 자리를 떠나 돌아다니면 호되게 야단맞는다. 이러한 칭찬과 평가의 시선 속에서 아이는 보스로부터 긍정적인 평가를 얻는 방법을 배우고, 보스를 거스르는 방법을 배우며, 평가를 얼버무리거나 무시하는 방법을 배운다.

교실은 권력이 작용하는 곳이다. 가정의 권력이 "해서는 안 돼요"라고 하는 금지를 중심으로 작용하고 있는 데 반해 교실의 권력은 "~하세요"라는 명령을 중심으로 작용한다. 교실이라는 권력 공간 속에서 아이는 자기 자신의 욕구에 따라 행동하는 것보다 교사의 욕구에 따라 봉사하고 행동하는 것을 배운다.

전통적인 일제수업 교실에서도, 아이를 중심으로 하는 열린 교육의 교실에서도, 그것이 학교인 한 어떤 교실에서도 잠재적 교육과정의 기능이 작용하고 있다고 잭슨은 지적한다. 학교 교실은 기업사회의 모형으로 존재하고 아이들은 기업사회의 구성원으로 사회화하는 기능을 다하고 있는 것이다.

이반 일리치의 『탈학교사회』(Deschooling Society, 1971)는 오늘날 제도화된 학교의 잠재적 교육과정이 아이들을 소비사회로 이끌어 사람들의 정치 능력을 무능화하는 기능을 한다고 비판하였다. 일리치는 근대의 의료제도와 의료기술의 보급으로 민간요법의 치유나 치료 능력이 무력하게 되었던 것처럼 근대 학교제도의 보급으로 사람들 스스로 배우는 능력과 저항하는 능력이 무력하게 되었다고 지적하였다. 일리치는 그 대안으로 교재와 학습자, 교사를 학습 네트워크로서 조직한 탈학교화의 교육 시스템을 제창하였다. 일리치가 제창하는 학습 네트워크에 의해 학교제도를 바꾸는 것은 현실적으로 무리가 있지만, 제도화된 학교가 잠재적 교육과정의 기능을 갖고 있다는 것은 일상의 학교생활에서 언제나 유념해야 할 점이다.

제13장

교육과정과 단원의 구성

1. 학습 경험으로서 교육과정

학교교육은 교육내용과 학습활동을 교육과정으로 조직해서 운영한다. 학교교육은 목적적이고 계획적인 일인데, 교육과정은 이러한 목적성과 계획성과 조직성을 표현하고 있다.

교육 공문서에서 커리큘럼은 교육과정으로 번역된다. 교육과정은 일반적으로 「학습지도요령」에서 정한 교육내용을 의미하며 교실에서의 수업이나 학습에 앞서 정해진 공적인 틀로서 의식되고 있다. 이렇게 교육과정으로 표현된 공약의 틀을 국가수준교육과정이라고 한다. 「학습지도요령」에는 교육과정은 학교가 주체가 되어 편성하는 것이라고 되어 있지만, 학교에서 논의되는 것은 학교교육 목표 작성이나 시간 편성에 국한되는 것이 현실이다.

다른 한편 교육과정은 교육활동의 계획으로서 의식되고 있다. '교육과정 만들기'라고 하면 교사는 연간 학습지도계획을 작성하는 작업을 떠올린다. 이러한 계획으로서의 교육과정은 전후 초기 교육과정 운동에 의해 보급된 교육과정 개념이다. 1947년과 1951년의 「학습지도요령[시안]」은 [시안]이라는 표기가 보여주듯이 교육과정 편성 주체를 학교에서 정했다. 「학습지도요령」 자체도 본래는 학교의 설치 주체인 지역 교육위원회가 정하는 것으로 간주되었던 것이다. 이 시기에 개성적이며 다양한 교육과정을 창조하는 운동들이 전국 학교에서 전개되었다. 그중 미국 버지니아 주의 「학습지도요령course of study」을 모델로 삼아 '교육과정 만들기'를 '계획 작성'으로 여기는 사고방식이 보급되었다. 그러나 이 운동은 몇 년 후 문부성의 정책 전환에 의해 쇠퇴하였다. 1958년 「학습지도요령」에 법적 구속력이 부여된 이후 교육과정을 만드는 전통은 형해화되었다. 그러나 지금도 교육과정을 교육계획으로 생각하는 전통은 교사들 사이에서 지속되고 있다.

그런데 일본의 교육과정 개념은 공적 틀이든 교육계획이든 영미 교육과정과 비교하면 협소한 개념이다. 영미권에서 교육과정이라는 낱말은 학습 경험의 총체를 가리키는 것으로 교육내용이나 수업계획에 그치지 않고 학교에서의 수업과 학습 경험 모두를 의미하고 그것들의 구조나 그 평가를 포함하는 포괄적인 의미를 지닌다.

교육과정이라는 용어를 둘러싼 의미의 다양성은 이러한 낱말의 역사에서 유래한다. 교육과정이란 '달리다currere'를 의미하는 라틴어에서 파생된 것으로, 고대 로마제국의 전차 경기장 코스를 뜻하는 낱말이다. 거기서부터 교육과정은 인생의 코스를 의미하는 말로 사용되게 되었다. 지금도 커리큘럼이라는 영어가 이력서를 의미하는 것은 이러한 용법에 따른 것이다.

교육과정이 교육용어로서 처음 등장한 곳은 16세기 유럽의 대학이었다. 대학은 종교개혁에 의해 교회와 국왕으로부터 교육내용을 통제받게 되었다. 그래서 교회와 국왕에 의해 정해진 교육내용을, 고대 로마의 경기장 주로를 달려야 하는 것에 비유해서 교육과정이라고 야유했던 것이다. 이후 교육과정은 수업이나 학습에 앞서서 정해진 교육 시스템을 의미하는 교육용어가 되었다.

교육과정의 개념을 일신한 것이 19세기 말부터 20세기 전반에 걸쳐 전개된 미국의 진보주의교육운동이었다. 아동중심주의와 사회개조주의자라는 두 가지 원리를 기초로 전개되었던 진보주의교육운동에 의해 교육과정은 학교에서 교사가 조직하고 아이들이 경험하고 있는 '학습 이력'을 의미하는 것으로 변화했다. 인생의 코스라는 교육과정의 재래적 의미에 준거해서 교육용어로서 교육과정의 의미 확장을 꾀하였던 것이다. 이렇게 해서 현재 교육과정은 학습 경험의 총체 혹은 학습의 이력을 의미하는 낱말로 사용된다.

2. 단원의 양식

교육과정의 조직은 목표를 중심으로 조직하는 양식과 주제를 중심으로 조직하는 양식 두 가지로 대별될 수 있다. 나는 전자를 계단형 교육과정, 후자를 등산형 교육과정이라고 부른다.

계단형 교육과정에서는 학습도달점이 목표로 정해져 있고 학습과정은 좁은 계단처럼 고정되어 있으며 학습활동은 세세한 단계로 규정되어 있다. 그 특징은 계통성과 효율성에 있다. 따라서 계단형 교육과정은 대량의 지식이나 기능을 계통적 혹은 효율적으로 전달할 수 있다. 나아가 계단형의 특징은 평가가 쉽다는 것이다. 아이들은 계단 하나하나마다 줄지어 서 있기 때문에 일원적 기준에 의한 평가로 달성도를 쉽게 평가하고 서열화할 수 있다.

그러나 계단형 교육과정은 몇 가지 약점을 갖고 있다. 학습을 획일화하고 좁은 경험에 가두어버리며, 한번 발을 헛디디면 뒤처져버리기에 일원적 단계에서 격한 경쟁을 낳는 폐해가 지적되어왔다.

반면 등산형 교육과정은 특정 주제를 중심으로 교재와 학습활동을 조직하는 양식이다. 등산형의 학습은 계단형처럼 한 가지로 정해져 있지 않다. 등산 코스에 계곡을 따라 오르는 코스, 삼림욕 코스, 하이킹 코스가 있듯이 등산형 교육과정에서는 다양한 길이 학습과정에 준비되어 있다. 나아가 계단형에서는 목표에 도달하지 못하면 무엇인가를 달성한 느낌을 얻을 수 없지만, 등산형에서는 어떤 코스를 선택하더라도, 설사 정상에 도달하지 못하더라도 학습 경험을 즐길 수 있다. 등산형에서는 학습 경험 그 자체에 의의가 있다.

등산형 교육과정은 산업주의의 효율성 중심을 표방하는 계단형 교육과정에 대한 비판으로 신교육운동에서 등장, 발전해왔다. 오늘날에는 세계 여러 나라의 교육과정이 계단형에서 등산형으로 이행하고 있다. 21세기에는 어느 나라의 교육과정이든 등산형이 지배적으로 될 것이다.

등산형 교육과정에서는 대량의 지식이나 기능을 효율적으로 전달할 수 없다. '넓고 얕게' 배우는 것이 아니라 '좁고 깊게' 배우는 것을 추구하기 때문이다. 또한 등산형에서는 계단형처럼 목표에 따라 일원적으로 평가할 수 없다. 등산형에서는 학습 경험을 다원적으로 질적으로 평가할 것이 요구된다. 나아가 등산형에서는 계단형처럼 뒤처지는 아이는 생기지 않지만 교사가 학습을 확실하게 돕지 못하면 아이가 진창에 발이 빠져 한 발짝도 더 나아가지 못할 위험이 있고, 빈약한 학습만을 경험할 수밖에 없는 코스를 걷게 될 위험이 있다. 등산형에서는 학습을 디자인하는 교사와 아이의 구상력과 상상력이 요구된다.

교육과정 조직의 계단형과 등산형 두 가지 양식에 대응해 단원 조직에서도 프로그램형과 프로젝트형 두 가지 양식이 존재한다. 프로그램형 단원은 '목표-달성-평가'의 단위로 구성된다. 그에 반해 프로젝트형 단원은 '주제-탐색-표현'의 단위로 구성된다. 최근 교육과정 조직이 계단형에서 등산형으로 이행함에 따라 단원도 프로그램형에서 프로젝트형으로 이행하는 중이다.

3. 교과학습과 총합학습

학교교육과정은 교과학습과 총합학습 두 가지 과정으로 조직되어 있다. 교과학습도 총합학습도 같은 학습이라는 점에서는 차이가 없다. 교과학습을 지식의 학습, 총합학습을 경험의 학습이라고 오해하는 사람도 일부 있지만 교과학습도 총합학습도 지식과 경험을 결합하는 학습이라는 점에서는 다르지 않다.

교과학습과 총합학습의 차이는 교육과정에 지식과 경험을 조직하는 방식에 있다. 교과학습은 교과내용의 구조에 들어맞게 지식과 경험을 조직하는 데 반해 총합학습은 현실의 주제를 핵심으로 삼아 지식과 경험을 조직한다. 카레 요리는 가정과 단원이지만 인도 문화에 대한 국제적 이해의 일환으로 시행되면 총합학습의 단원이라고 말해도 좋을 것이다.

지금까지 학교교육은 교과학습을 중심으로 조직되어왔지만 인생에서 누구나 직면하는 문제이자 시민으로서 누구나 생각해야 할 문제인 평화, 인권, 차별, 환경, 국제, 정보, 복지, 성, 삶과 죽음, 양육과 교육 등은 직접 학교교육과정에서 조직되지 않았다. 총합학습은 이러한 요청에 응하는 것이다.

교과학습도 총합학습도 아이들이 사회나 문화의 실천에 자립적으로 참가하는 기초가 되는 교양 형성을 목적으로 하고 있다. 교양교육에는 교양교육liberal arts과 일반교육general education의 두 가지 전통이 있다. 교양교육의 전통은 중세 대학과 수도원에서의 자유7과Seven Liberal Arts를 계승하여, 인문과학 교양을 중심으로 자유인을 형성하는 엘리트 교육의 전통을 형성하고 있다. 그에 반해 일반교양의 전통은 20세기 초중반에 걸쳐 미국 대학과 고등학교에서 성립한 교양교육의 전통이다. 그것은 대량 살육을 낳은 2차 세계대전에 대한 반성으로서 평화와 민주주의를 실현하는 시민교육을 추구하는 전통을 나타내고 있다. 지금까지 교과학습에서 요구되었던 교양은 교양교육의 전통에 의한 것이었다. 앞으로 일반교육의 전통에 서서 총합학습과 병행하여 현대사회를 살아가는 시민의 교양에 적합한 교과학습으로 탈피할 것이 요구된다.

4. 트래킹의 극복

아이들의 능력이나 진로에 따라 학습과정을 다양화하는 것을 트래킹tracking이라고 한다. 트래킹에는 진로별로 교육과정을 다양화하는 방식과 학습도나 능력별로 교육과정을 다양화하는 방식이 있다.

학습도(능력)별 지도는 학력 평가나 지능검사로 능력별로 집단 편성을 수행하는 트래킹의 하나이다. 트래킹은 원래 대학 진학을 위한 엘리트 교육과 직업인을 양성하는 직업 교육이 통합된 중등교육에서 보급되었다. 그러나 1970년대 이후 중등학교의 종합화 comprehensive school를 요구하는 개혁이 진전되면서 구미 여러 나라에서는 그 자취를 감추고 있는 중이다.

능력별 편성의 실태를 조사한 캘리포니아대학교의 제니 옥스는 능력별 편성이 전제로 하고 있는 가설, 즉 동일 능력 집단에서 학습이 가장 유효하다는 가설의 신빙성이 희박하다는 것을 실증적인 조사연구로 밝혔다. 옥스의 조사연구에 따르면 능력별 편성이 상위 일부 학생들에게 유효하다는 조사 결과도 존재한다. 그렇지만 많은 조사연구에서 밝힌 바에 따르면, 능력별 편성은 상위·중위·하위 모든 집단 학생들의 학력 향상에 유효하지 않고, 하위 집단의 학생을 낮은 수준의 학습에 가둬놓아 학력 격차를 확대시켜, 인종이나 계급의 교육 격차를 확대시키는 결과를 초래한다. 옥스의 연구를 비롯한 능력별 편성의 실태를 조사한 많은 연구들에서 능력이나 학습도에 의한 트래킹이 학생들의 학력 향상에 기여하지 못할뿐만 아니라 학생의 학력 격차를 확대하고 저학력 문제를 한층 심각하게 하는 결과를 불러오는 위험을 지적하고 있다.

능력별 편성이 유효하지 않다고 하면 아이들의 능력 차나 학력 차에 어떻게 대응하면 좋을까? 아이들의 능력 차에 대한 대응은 1960년대 이후 두 가지 방향으로 해결책을 찾았다. 하나는 6장에서 소개한 블룸의 완전학습에 대한 생각 방식이다. 블룸은 교육목표분류학에 의해 교육내용을 세분화한 목표로 나타내고, 형성 평가에 따라 학습과정을 자세하게 통제하며 모든 학생들이 모든 내용을 습득하는 완전학습을 제창했다. 그러나 블룸의 완전학습에서는 단기 성과는 실증되었지만 기대만큼의 성과는 거두지 못했다. 하위 학생들이 시간을 들이면 모든 내용을 습득할 수 있다는 것은 사실이라 하더라도, 학교에서의 제한된 시간 범위 안에서 완전학습에 의한 학습의 개별화는 능력별 편성과 같이 학력 격차의 확대로 귀결되기 일쑤였다.

개인차에 대응하는 또 다른 사고방식은 1960년대 일리노이대학교의 크론바흐가 제창한 적성처치상호작용(ATI, Aptitude Treatment Interaction)이다. 크론바흐는 학생들의 개인차(능력이나 개성, 적성)를 적성으로 하고 교육 프로그램이나 교육방법을 처치로 하여 그 양자의 최적화에 따라 가장 유효한 교육이 결정될 수 있다는 사고방식을 제시했다. 그림 13-1을 보자. 이 그림의 경우 처치A와 처치B는 교차한다. 이 경우 어떤 적성이 높은 학생에게는 처치A가 유효하지만 어떤 적성이 낮은 학생에게는 처치B 쪽이 유효하다. 이처럼 교육 프로그램이나 교육방법은, 학생의 적성에 따라서 유효할 것인지 여부가 결정되는 경우가 많은 것이 현실이다. 게다가 학생의 적성에서 개인차는 능력이나 학습, 성향이나 관심, 태도나 문화 차이 등이 다양하게 존재하기 때문에 어떤 처치가 학생의 개성에 가장 잘어울릴지 결정하는 것은 쉽지 않다. 적성처치상호작용의 사고방식은 학생의 개인차에 대한 대응이 일반적으로 상정되는 이상으로 복잡한 과제임을 인식시켜 준다.

아이들의 능력이나 개성의 차이에 대응하는 방법으로서 오늘날 가장 유효한 것으로 간주되는 것은 협력학습Collaborative learning이

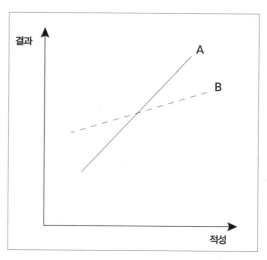

▶ 13-1 크론바흐의 적성처치상호작용

다. 협력학습 방식에서는 아이들의 능력이나 개성, 문화의 다양성이 서로 학습하는 조건으로서 존중된다. 능력별 편성이나 완전학습에서 학습이 개인주의적으로 이해되는 것에 반해 협력학습에서 학습은 협력적인 활동으로서 재정의되고, 학습 집단의 능력이나 개성, 문화의 다양성이 서로의 학습을 촉발하고 서로를 돕는 것으로 인식된다. 실제 많은 조사연구가 경쟁보다 협력, 능력별 편성보다 협력학습의 유효성을 실증하고 있으며, 협력학습에 의한 능력 차나 학습도의 차를 축소하는 연구와 실천의 추진이 요구되고 있다.

5. 개발의 양식

끝으로 교육과정 개발의 양식에 관해 기술하고자 한다. 지금까지의 교육과정 개발은 중앙 기관에서 전문 연구자나 행정가들이 중심이 되어 프로그램을 개발하여 학교에 보급하고, 교사가 실천하며 그 프로그램의 유효성을 평가하고, 다시 중앙 기관에서 그 프로그램을 수정하는 방식이었다. 「학습지도요령」이나 교과서를 비롯하여 학교에서 사용되고 있는 프로그램이나 교재의 대부분은 이와 같은 톱다운 방식으로 개발되었던 교육과정이다. 이러한 방식은 '연구·개발·보급 모델research-development-diffusion model'이라 불린다(그림 13-2).

'연구·개발·보급 모델'의 교육과정 개발은 일본과 같은 중앙집권적 교육행정을 특징으로 하는 나라에서는 그만큼 강력하게 작용해왔다. 그러나 행동과학 방법에 대한 비판이 전개되었던 1970년대 이후 '연구·개발·보급 모델' 양식에 대해 다양한 비판이 제기되었다.

첫째로 '연구·개발·보급 모델'에서는 교육실천 성패의 중심적인 열쇠를 쥐고 있는 교사의 역할이나 능력이 무시되고 있다. 좋은 프로그램만 개발하면 교사와는 무관하게 좋은 교육 결과를 얻을 수 있다는 전제가 이 모델에 들어 있다.

둘째로 '연구·개발·보급 모델'은 교실실천의 다양성이나 창조성을 무시하고 있다. 교실은 단순한 실천의 장으로 간주된다. 그러나 같은 프로그램이라도 교사에 따라 교실에 더욱 다양한 결과들을 초래하는 것이 현실이다. 교실은 교육과정의 실천의 장이 아니라 교육과정이 창조되고 기능하며 수정되는 장이다.

셋째로 '연구·개발·보급 모델'은 연구가 진행되면 될수록 교육실천을 획일화하는 경향이 있다. '원 베스트 시스템'으로 수렴시키는 경향이다.

이에 대항하는 모델로서 학교와 교실을 기초로 하는 교육과정 개발 양식이 모색되어왔다. 나는 교실을 기초로 하여 학습을 창조하는 과정으로 교육과정을 비평하고 교사의 역량 개발을 수행하는 방식으로 '실천·비평·개발 모델practice-critique-development

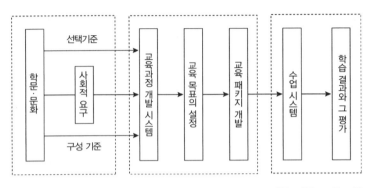

▶ 13-2 연구·개발·보급 모델

model'을 제창해왔다(그림 13-3).

　'실천·비평·개발 모델'에서는 교육과정 개발 중심적 입장은 학습의 경험이 창조되는 교실이고 학습의 창조와 교육과정의 개발은 동일한 과정으로 간주된다. 교사는 아이들의 학습 경험의 질을 사회적·문화적·윤리적으로 비평하는 것을 거쳐 교재 개발을 수행하는 것과 더불어 스스로의 실천적인 견식을 높인다. 따라서 이러한 모델에서 개발되는 것은 교육 프로그램이라기보다는 오히려 교재를 구성하고 수업을 창조하는 교사의 식견이고 견식이다.

　학교와 교실을 기초로 하는 '실천·비평·개발 모델'의 교육과정 개발을 추진하기 위해서는 학교 내부에서 교사의 협동을 실현할 필요가 있고, 교사의 연구와 개발을 지원하는 다양한 네트워크를 학교 내외에서 형성할 필요가 있다. 교사의 자율성과 창조성에 근

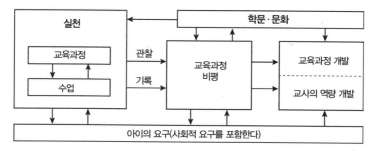

▶ 13-3 실천 · 비평 · 개발 모델

거를 둔 교육과정의 개발은 이후 학교개혁의 중심 과제 가운데 하나이다.

제 14 장

전문가로서의 교사

1. 교직의 전문직성

학교교육의 개혁은 날마다 교육실천에 종사하는 교사들의 창조적인 노력 없이는 달성되지 않는다. 교사의 일은 아이들과 사회의 미래를 결정하는 책임이 막중한 일이고, 사회나 문화의 번거로운 문제와 대치하는 복잡하고 곤란한 일이다. 교사의 일은 누구라도 맡을 수 있는 단순한 일이라고 생각하는 경향이 흔히 있다. 그렇지만 현실에서는 오랜 경험을 축적한 우수한 교사조차 충분히 책무를 달성할 수 없는 어려운 일이라고 말해도 좋을 것이다.

교사를 법률용어로는 교원이라고 표현한다. 일본에서는 대학에서 소정의 단위를 취득하고 교원자격증을 취득해서 도도부현都道府県 교육위원회가 실시하는 채용시험에 합격하면 교원이 된다. 그러나 교사가 되는 것은 일생의 과제다. 여기서 말하는 교사란 교육이라는 공적 사명을 담당하는 전문직으로서 교사를 의미한다. 전문가란 스페셜리스트specialist를 의미하는 말이 아니다. 프로페스profess란 신의 의탁을 의미하는 말이었다. 그런 의미에 따라 역사적으로 최초로 전문가로서 인정되었던 것은 목사이며 그 다음에 인정되었던 것은 대학교수, 그 다음으로 의사, 그리고 변호사, 끝으로 교사였다. 그러나 스스로를 전문가로 규정하고 있다 하더라도 교사가 사회적으로 전문가로서 인정받고 있을까?

의사나 변호사와 같이 전문직으로서 확립된 전문가는 다음 여섯 가지 특징을 갖고 있다. 첫째, 직업의 목적이 사적 이해가 아니라 공적 복리에 있다. 둘째, 대중이 갖고 있지 않은 고도의 전문적인 지식이나 기술을 보유하고 있다. 셋째, 전문적 직역에서 자율성과 자유가 보장되고 있다. 넷째, 전문가에 어울리는 고도의 양성기관(현재로는 대학원 교육)이 있고 전문적인 기술과 식견을 높이는 연수제도를 갖고 있다. 다섯째, 자격인정을 수행하는 자율적인 전문가협회를 조직하고 있다. 여섯째, 독자의 윤리강령을 갖고 전문가협회에서 윤리적 책임을 자기관리하고 있다.

이 여섯 가지 요건에 비춰 보면, 교사의 현실은 제일 요건은 충족하고 있지만 그 외 다섯 가지 요건은 충족하고 있지 못하다는 것이 명확하다. 교사교육에 관한 전문적 지식이 의사나 변호사처럼 고도의 것인지 확실하지 않다. 행정으로부터 자율적인 자유도 인정되지 않고 있다. 학회나 의사회, 변호사회와 같은 전문가 협회를 조직하고 있지 못하다. 대학원 단계에서 전문가를 양성하고 있지 않고, 윤리강령에 의한 자격의 자기관리를 수행하고 있지도 않다. 현실 제도에서 교사는 행정일반 공무원과 같이 공복public servant이며 전문가로서의 지위도 자율성도 자유도 보장되어 있지 않다. 법령이나 행정문서에 기록되어 있는 교원이라는 낱말은 공복으로서의 현실을 의미하고 있다고 말해도 좋을 것이다.

2. 기술적 숙달자에서 반성적 실천가로

1980년대 중반 이후 교사의 전문직화는 세계 교육개혁의 중심 과제가 되었다. 중심적인 문제 가운데 하나는 어떤 전문가상을 미래의 교사상으로서 구축할지에 있었다. 지금까지 전문가라고 하면 의사나 변호사로 대표되듯이 전문적이고 과학적인 지식과 기술을 갖고 그 과학적인 이론과 기술을 실천에 적용하는 능력에 의해 전문직성이 평가되어왔다. 이러한 시각에서 보면 교사는 'B급minor 전문직'에 해당한다. 교사의 직역은 대단히 복합적이고, 일에 요구되는 지식이나 식견, 기술이 대단히 복잡해서 실천의 기초가 되는 과학적인 이론이나 기술이 대단히 불확실하기 때문이다.

그러나 과학적인 이론이나 기술의 확실성에 기초를 둔 근대주의적 전문가상은 이미 파탄이 났다고 말할 수 있다. MIT의 철학자 도널드 쇤Donald Schön은 『반성적 실천가-전문가는 어떻게 생각하는가』(1983)에서 지금까지 과학적 기술의 합리적 적용을 실천원리로 삼은 기술적 숙달자technical expert로서의 전문가는 오늘날 고객이 갖고 있는 복잡하고 난해한 문제에 대처하지 못하고 있으며, 고객과 같이 현실의 복잡한 문제 해결에 종사하는 반성적 실천가reflective practitioner라는 새로운 전문가가 등장하고 있다고 지적한다. 반성적 실천가는 전문이라는 협소한 이론과 기술을 실천에 적용하는 것이 아니라, 수렁 같은 현실의 상황에 고객과 같이 몸담고서 '행위 중의 성찰reflection in action'이라는 실천적 인식론을 기초로해서 경험에 근거한 식견과 넓은 견문에 토대를 두고 복잡하고 난해한 문제와 씨름하고 있다고 말하는 것이다.

반성적 실천가라는 새로운 전문가는 교사상의 미래에 새로운 가능성을 열어준다. 지금까지 B급 전문직의 요인으로 간주되어온 '불확실성'은 반성적 실천가라는 시점에서 보면 교육실천의 창조성을 표현하고 있다. 또한 '행위 중의 성찰'이라는 실천적 인식론은 사례 연구를 거쳐 실천적 견식을 높이는 교사의 성장과정과 부합하고 있다. 게다가 지금까지의 전문가 개념에서는 전문직화를 추진하는 것은 관료주의화, 혹은 전문가와 고객의 권위적이고 권력적인 관계를 강화하는 것과 불가분의 관계였다. 그러나 '반성적 실천가' 개념에서는 전문가와 고객이 동등한 입장에서 문제 해결에 협력하는 관계를 구축하는 것이 가능하다. 도널드 쇤의 반성적 실천가로서의 새로운 전문가상은 현재 많은 나라의 교육개혁에서 교직 전문직화의 기초이론이 되고 있다.

3. 교사문화의 연구

교사연구의 주요한 영역 가운데 하나로 교사문화 연구가 있다. 교사문화란 교사라는 직업집단이 형성하고 있는 양식적인modal 문화를 의미한다. 확실히 교사는 분명 교사다운 독특한 의식이나 사고방식, 감수성이나 행동방식을 취하고 있다.

교사문화를 연구하는 목적은 둘이다. 하나는 교사 자신이 자신을 얽어매고 있는 문화를 자각하는 것이다. 그 다음으로는 전문가로서의 직업문화를 교사공동체 속에서 기르는 과제를 밝히는 것이다. 이 두 가지 과제 중 전자의 과제에 도전한 고전적 연구로서 시카고대학교의 사회학자 웰러드 월러Wellard Waller의 『수업 사회학 Sociology of Teaching』(1932)이 있다. 이 책은 70년도 더 전에 쓰였지만 교사 비판의 거의 모든 내용을 서술하고 있어 지금 읽어도 신선하다. 월러는 교사문화의 스테레오타입을 기술하고 교사문화의 최대 문제로서 비인격성impersonality에 대해 논했다. 교사는 권위적이고 기만적인 인격의 왜곡을 직업생활 속에서 형성한다고 하였다.

월러는 교사가 비인간적으로 되는 원인이 다음 두 가지에 있다고 지적한다. 하나는 사람들이 교사에게 도덕교육에 대해 과잉 기대를 걸고 있는 것이다. 사람들이 교사가 도덕적으로 설교할 것을 지나치게 기대하기 때문에, 교사는 스스로를 덕의 화신으로 여기고 기만을 반복하는 상황에 놓이게 된다고 말한다. 월러는 "교사의 일은 던진 손으로 반드시 돌아오는 부메랑과 닮았다"고 적절하게 비유하고 있다. 확실히 교사는 아이들에게 도덕적인 설교를 반복함으로써 스스로를 권위적이고 기만적인 인격으로 형성하는 결과에 빠진다. 월러는 교사의 비인격성의 또 다른 원인이 교사가 지역에서 유리된 데 있다고 한다. 지역 사람들과 교류하지 않는 교사는 교사들의 관계 속에 갇힌 좁은 세계를 만드는 경향이 있다.

또 다른 과제인 전문가 문화를 수립할 필요성을 제시한 이는 시카고대학교의 사회학자 댄 로티Dan C. Lortie이다. 로티는 『학교교사-사회학적 연구A Schoolteacher-A Sociological Study』(1975)에서 교사가 자율적인 전문직으로 성숙되지 못하는 이유는 '직업병적'이라고도 말할 수 있는 불확실성uncertainty 때문이라고 결론짓고, 불확실성이 만들어낸 교사의 특징적인 의식과 감정을 생생하게 묘사했다. 로티가 지적하는 것처럼 교사의 일은 불확실성으로 가득 차 있다. 교육의 목적에 대해 교사에 따라 의견을 달리하고 있으며 교육의 기술에도 한 가지 절대 확실한 것은 존재하지 않는다. 어떤 교실의 아이에 대해 유효한 기술이 다른 교실의 아이에게도 유효할 것이라는 보장은 없다. 교육의 평가도 불확실하다. 어떤 사람이 평가한 교육실천의 우수함도 다른 사람에 의해서는 결함으로 평가될지 모른다.

로티는 불확실성이라는 교사의 일의 특성은 다양한 교사의 의식이나 감정, 행동에 영향을 미치고 있다고 지적한다. 예를 들면 교사는 바깥으로부터의 평가를 거부하고 '알의 껍데기'와 같은 교실에 틀어박혀서 자신의 교실을 바깥에 개방하려고 하지 않는다. 불확실성이라는 불안감은 교사를 평가로 몰아넣는 경향을 낳고 교사들 가운데 보스를 낳으며 권위적인 것에 순종하는 경향을 낳는다. 나아가 불확실성은 교사의 의식과 감정 가운데 교육학이나 심리학에 대한 뿌리 깊은 불신감을 만들어내며 교사 자신의 체험을 절대화하는 경험을 낳는다고 한다.

교사의 감정을 분석하는 로티의 방법은 훌륭하다. 그 일례를 들면 로티는 교사들에게 "일주일간 무슨 요일이 가장 행복하고 무슨 요일이 가장 불행한지" 묻고 행복한 요일의 일화와 불행한 요일의 일화를 듣는다. 이 조사의 목적은 행복한 요일과 불행한 요일을 아는 데 있지 않다. 교사들이 들려주는 일화를 분석함으로써 교사들이 행복한 이야기에는 교실의 아이들을 등장시키고 불행한 이야기에는 교실 밖의 교장과 동료, 부모를 등장시킨다는 것에 로티는 착목했다. 교사들은 알의 껍데기인 교실에 틀어박혀 아이들과 작은 행복을 추구하는 경향이 있고 불행이 소용돌이치는 교실 밖의 일에는 관심을 갖지 않는 성향을 형성하고 있다. 이것으로는 자율적인 전문가가 될 수가 없다.

교사문화의 고찰을 통해 로티가 찾은 개혁의 방향은 교사들이 연구를 쌓아나가 불확실성을 극복하고 전문가로서 학교 운영에 관계하며 교육행정에 대해서도 발언권을 높이는 것에 있었다.

이러한 교사문화의 연구를 근거로 나는 교사의 일에는 '재귀성再歸性', '불확실성', '무경계성'의 세 가지 특징이 있다고 생각한다. 재귀성은 월러가 비유로 썼던 부메랑에 대응한다. 교사의 일은 언제나 자신에게 돌아오는 특징이 있다. 아무리 부모가 나쁘고 사회가 나쁘다고 바깥에서 책임을 찾고자 해도 스스로 책임을 지고 대처할 수밖에 없는 것이다. 불확실성은 로티가 훌륭하게 묘사했던 대로다. 무경계성은 교사가 하는 일의 복합성을 보여줄 뿐만 아니라 교사가 하는 일의 무제한성을 표현한다. 교사의 일은 끝이 없고 그 직업생활은 '네버엔딩 스토리'로 수행된다.

교사문화는 시대에 따라 사회적 상황에 따라 다양하고 중층적인 구조를 지닌다. 전후 일본의 교사문화의 중층성과 그 변용을 나타낸 것이 그림 14-1이다. 이 그림은 종축으로 관료화와 민주화를, 횡축으로 전문직화와 탈전문직화를 설정하고 두 축에 따라 분류한 네 가지 교사상과 문화 유형을 나타낸다.

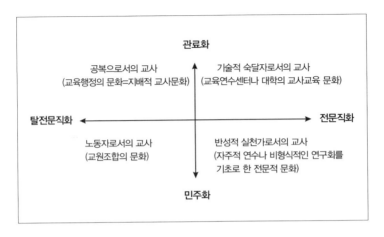

▶ 14-1 교사상의 유형과 그 문화

첫 번째 유형은 공복으로서의 교사문화이다. 이 교사문화의 특징은 아이와 부모에 대한 봉사정신과 일에 있어서 준법정신과 헌신성에 있다. 전전戰前의 교사가 국가에 대한 봉사자였던 것에 맞서, 패전 후 교사의 일은 아이와 부모에 대한 헌신적인 봉사로서 재정의되었다.

이 유형은 전후 일본 교사문화의 기저를 이루었다. 이 교사문화는 오늘날 교사의 일을 무제한으로 확장하고 다망화와 소진함 burned out을 낳는 요인이 되었다.

두 번째 유형, 노동자로서의 교사문화는 전전戰前의 성직자로서의 교사상에 대한 비판으로 제출되었지만 실질적으로는 첫 번째 유형인 공복으로서의 교사문화에 대한 대항 문화이며 교원노동 조합에 의해 형성된 교사문화이다. 이 유형의 교사문화가 보급된 1960년대는 '샐러리맨 교사'라든가 '달리 될 것이 없어서 된 교사'라 는 말이 퍼지고 실질적으로도 교사가 프롤레타리아화된 시대였다.

세 번째 유형은 기술적 숙달자로서의 교사문화이다. 이 교사문 화는 교육과정에 대한 중앙집권적인 통제가 강화되던 1960년대 이 후 교육행정에 의해 추진된 전문직화에서 침투되었다. 1960년대 이 후 문부성과 도도부현의 교육위원회는 연구지정 학교나 연수 센터 를 중심으로 교사의 기술적인 전문직화를 꾀하고 생산성과 효율 성에서 유능한 교사를 요구하는 현직교육을 추진해왔다. 통상, 교 사를 수업의 프로라고 말할 때 그 교사상에는 기술적 숙달자로서 의 교사상이 상정되어 있다.

네 번째 유형인 반성적 실천가로서의 교사문화는 두 번째 유형 의 대항 문화이며 교사들의 비형식적인 문화를 기반으로 형성되어 왔다. 일본 교사문화의 특징 중 하나는 다이쇼 자유교육 이래 이 네 번째 유형의 교사문화가 비형식적인 풀뿌리 운동에 의해 발전하 고 있다는 점이다. 예를 들면 일본의 초등학교와 중학교에서는 수 업 관찰에 근거해서 사례 연구를 수행하는 교내 연수가 정착되어 있지만 이 전통은 최근까지 외국에는 존재하지 않았다. 또한 여러 외국 서점에 가 보면 교사가 집필한 책들은 조금밖에 없지만 일본 에서는 많은 책이나 잡지가 교사에 의해 출판되고 있으며, 실천적인 경험이나 견식의 교류가 활성화되어 있다. 이들 전통은 쇤이 제시한 반성적 실천가의 문화를 체현하는 것이라고 말해도 좋을 것이다.

4. 전문적 문화와 동료성의 구축으로

1980년대 이후 세계 각국에서는 교사의 전문직성과 자율성을 높이는 개혁이 교육개혁의 중심 영역으로 부상했다. 이 개혁운동에 호응해서 교사문화의 연구는 두 가지 영역으로 진전되었다. 하나는 교사의 실천적 지식과 실천적 견식에 관한 연구이다. 다른 하나는 교사가 전문가로서 협동하고 서로 성장하는 동료성에 관한 연구이다.

교사의 실천적 지식에 관한 연구는 스탠퍼드대학교의 리 슐만 Lee Shulman을 중심으로 전개되었다. 슐만은 교직이 갖고 있는 전문직성의 기초를 교사가 교육실천으로 활용하고 있는 지식에서 찾고, '수업을 상정한 교재의 지식pedagogical content knowledge'을 전문가로서의 교사의 지식 중핵으로 설정하였다. 그리고 의사가 임상연구, 변호사가 판례 연구에 의해 전문가로서 지식이나 기술을 배우는 것처럼 교사도 수업의 사례 연구가 전문가 교육의 중심이라고 주장하였다.

한편 캘리포니아대학교의 주디스 리틀은 교사가 수업의 창조와 연구에 의해 전문가로서 서로 성장하는 동료성의 연구를 제기하였다. 리틀은 성공한 학교 요인을 여러 사례를 통해 검토한 뒤 학교 내에서 교사가 연대하는 동료성이 최대 요인이라는 것을 제시하였다. 이후 동료성의 구축은 학교개혁의 중심적인 주제가 되었다.

동료성의 개념이 나타내듯이 교사는 홀로 성장할 수 없다. 전문가의 성장과 자립을 촉진하는 선배 지도자를 멘토, 그 선배가 수행하는 지도를 멘토링이라고 부른다. 이 멘토에 해당하는 선배나 동료 교사의 역할은 중요하다. 그리고 뭐라고 하더라도 학교 내부에 교사가 전문가로서 서로를 성장시키는 동료성이 구축되어 있는지 여부가 결정적으로 중요하다. 좋은 교사의 최대 조건은 그 교사가 끊임없이 스스로의 실천을 반성하고 전문가로서 계속 배워가고 있는지 여부에 있다. 동료성의 구축을 중핵으로 하는 학교조직과 교육실천의 개혁이 요구되고 있다.

개혁의 전망

1. 21세기 학교상

21세기에 들어 학교는 역사적인 전환점에 서 있다. 근대 학교는 국민국가의 통합과 산업사회의 발전을 주요한 사명으로 하여 조직된 학교였다. 가르치는 것을 중심으로 하는 획일주의 학교이고, 효율성을 추구하는 학교였다고 말해도 좋을 것이다. 이러한 학교상은 세계화에 의한 국민국가의 쇠퇴와 후기산업주의 사회의 도래에 의해 그 역사적 사명이 끝나고 있다. 일본에서도 1980년대 중반을 전환점으로 해서 문부성(문부과학성) 주도의 중앙집권적인 교육행정이 재검토되고 지역 분권화와 규제 완화 하에 교육의 개성화와 다양화가 추진되며 지역 교육위원회와 학교의 자율적인 권한을 확대하는 개혁이 진행되고 있다.

공립학교는 큰 기로에 서게 되었다. 한편에는 자유로운 선택과 경쟁의 기회를 확대해서 학교교육을 가능한 한 민영화하고, 교육 서비스를 상품처럼 기능하게 하여 시장원리로 통제하려고 하는 개혁이 있다. 다른 한편으로는 학교를 지역공동체에 근거해서 다양한 사람들이 공생하고 서로 배우는 장소로서 재구축하는 개혁이 전개되고 있다. 전자는 개인의 자유로운 선택과 경쟁을 강조하고 교육의 사사성私事性을 확대하는 신자유주의 개혁이다. 후자는 다양한 사람들의 공존과 공생을 요구하고 교육의 공공성을 재구축하는 사회민주주의 개혁이다. 일본의 학교개혁은 이러한 두 가지 대립하는 개혁노선의 틈새에 서서 더치롤(항공 비행의 이상으로 흔들리는 일-역주)처럼 몹시 흔들리고 있다. 학교개혁은 우리들 한 명 한 명이 아이들의 미래를 위해 어떠한 사회를 전망하는가라는 미래 사회의 선택 문제인 것이다.

학교의 미래를 전망하는 전제로서 두 가지 물음을 제시해두자. 하나는 무릇 학교란 어떠한 장소인가라는 물음이다. 다른 하나는 미래의 학교를 전망하고 나서 그 모델을 어디에서 찾을 것인가라는 물음이다.

무릇 학교란 어떠한 장소인가라는 물음은 꽤 막연한 질문이다. 그러나 학교라는 장치가 어떠한 규범canon에서 조직되어왔는가라는 점은 확인할 수 있다. 학교라는 장치는 고대 그리스의 아카데 미까지 소급되는 역사를 갖고 있지만 오늘날에 이르기까지 일관되게 유지되어온 규범을 갖고 있다. 그것은 첫째 문해력literacy의 전통이고, 둘째 민주주의의 실현이며, 셋째 공동체community의 형성이다. 이 세 가지 규범은 학교의 존재 근거로서 앞으로 어떠한 사회가 되더라도 바뀌지 않을 것이다. 학교는 다음 세대에 문화를 전승하는 장치이고, 그 문화 전승을 통해 민주주의 사회 실현을 추구하는 장치이며, 문화 전승과 학습을 통해 공동체를 유지하고 존속하게 하는 장치이다. 오늘날 학교가 위기에 직면해 있다고 한다면 그 위기란 문해력의 위기이고, 민주주의의 위기이고, 공동체의 위기라고 말해도 좋을 것이다.

또 다른 물음, 장래 학교의 모델을 어디에서 찾을 것인가라는 점에 대해서는 더 넓은 시야가 필요하다. 19세기 이후 각국의 학교교육은 세계 시스템 속에서 각각 독자적으로 발전해왔다. 그 전망 속에서 일본 학교의 장래도 예측할 필요가 있을 것이다. 나는 오늘날 추진되고 있는 세계 각국의 학교개혁이 19세기 말부터 20세기 초에 걸쳐 제시된 두 가지 학교상을 기반으로 하여 전개되고 있는 것에 주목한다. 그 하나는 존 듀이가 구상한 '배움의 공동체'로서의 학교상이고 다른 하나는 엘렌 케이가 구상한 가정학교로서의 학교상이다. 각각 20세기 학교로서 전망된 비전이었지만 20세기에는 실현되지 않았고 21세기로 미루어졌다. 듀이의 구상은 오늘날 학교와 사회의 연속성을 회복하고 민주주의를 준비하는 '배움의 공동체'로서의 학교상을 모색하는 것으로 전개되고 있다. 케이의 구상은 부모들이 협동해서 육아와 교육의 네트워크를 구축하는 것으로 구체화되고 있다. 이 두 가지 사회민주주의의 개혁 전통의 연장선상에서 미래의 학교 비전을 그릴 수 있다고 생각한다.

2. 배움의 공동체의 구상과 실천

1990년대 이후 세계 각국에서 '배움의 공동체'를 표방하는 학교 개혁이 활성화되었다. '배움의 공동체'로서 학교는 아이들이 서로 배우고 자라는 장소일 뿐만 아니라 교사들이 교육의 전문가로서 서로 배우고 자라는 장소이고, 학부모나 시민이 교육활동에 참가해서 서로 배우고 자라는 장소임을 의미한다. 근대 학교는 국민국가의 통합과 산업주의 사회의 발전을 목적으로 하여 조직되고, 중앙집권적인 통제에 의해 관리된 학교였다. 그에 반해 21세기 학교는 교육의 전문가인 교사와 지역 사람들, 그리고 아이들의 연대를 기초로 삼아 조직되고, 배움을 중심으로 해서 사람들이 공동체로서의 유대를 형성하며, 다양한 문화를 교류하고 미래 사회를 준비하는 지역 문화와 교육 센터로 발전할 것으로 기대된다. 현재 전국 각지에서 추진되고 있는 학교와 지역의 연대나 학교교육과 평생학습의 결합은 '배움의 공동체'를 표방하는 학교개혁의 첫걸음이라고 말해도 좋을 것이다.

'배움의 공동체'를 내건 학교개혁 중 일본의 사례를 소개하고자 한다. 내가 '배움의 공동체'로서의 학교 만들기를 제창하고 치가사키 시의 하마노고 소학교에 최초의 시범학교pilot school를 창설한 것이 1998년이었다. 3년 뒤 2001년에는 후지 시 가쿠요 중학교가 중학교로서의 '배움의 공동체' 시범학교로 전국의 관심을 모았다. 이후 전국에 '배움의 공동체'를 내세운 200개 이상의 시범학교가 만들어졌다. 2010년 현재 초등학교에서는 약 2,000개교, 중학교는 약 1,000개교가 개혁에 도전하고 있다. 이는 전국 공립 초중학교 수의 약 10퍼센트에 상당한다.

가쿠요 중학교(사토 마사아키 교장, 학생 수 약 820명)에서 '배움의 공동체'를 내건 개혁이 착수된 것은 2001년 4월이다. 가쿠요 중학교는 당시 다른 중학교와 같이 부등교不登校, 교내 폭력이나 비행, 학력 부진, 이지메, 지역이나 보호자의 불만 등 많은 문제 해결에 고심하고 있었다.

1980년대 이후 일본 교육은 다양한 위기적 현상에 고심해왔지만 그 위기 중심은 중학교였다. 다른 한편으로 중학교는 어지럽게 변하는 수험제도와 평가제도에 휘둘려왔다. 학생 위기 현상의 확대와 학교와 교사에 대한 비판, 그리고 수험제도의 변화에 대해 중학교는 생활 지도, 클럽활동 지도, 진로 지도라는 세 가지 지도를 중심으로 대처해왔다. 그런데 교사들이 헌신적인 노력으로 수행해온 이 세 가지 지도에 의해 중학생이 안고 있는 문제가 한 가지라도 해결되었을까? 오히려 점점 모순과 위기는 진행되었고 현재는 학교 상담을 중심으로 하는 '마음 교육'에 의한 정서적 해결을 필요로 하고 있다. 그러나 학교 상담에 의해 학내 폭력이나 비행, 이지메나 부등교, 학력 부진이 해결되고 있는 것일까? 지금까지의 추이를 보건대 '마음 교육'으로 현실 문제 해결에 성과를 내고 있다고 말할 수 없다.

'배움의 공동체'를 표방하는 중학교의 개혁은 중학생이 요구하는 학교교육이 세 가지 지도도, 마음 교육도 아니라는 것을 사실로 증명하고 있다. 최초의 시범학교였던 가쿠요 중학교는 단지 3년도 걸리지 않아서 부등교 학생이 38명에서 6명으로 격감했다. 하지만 학교 상담 '마음 교육'에 의해 기적이라고도 말할 수 있는 이러한 결과가 달성된 것은 아니었다. 가쿠요 중학교에서는 일찍이 문제 학교에서 보이던 교내 폭력과 비행이 거의 일 년 만에 완전히 사라졌지만, 생활 지도나 클럽활동 지도에 의해 그러한 위업이 달성된 것도 아니었다. 또한 가쿠요 중학교는 불과 2년 만에 시내 18개 중학교 가운데 가장 낮은 수준의 학력을 시내 최고 수준으로 급상승시켜 진학 실적도 향상시켰다. 그렇지만 진로 지도나 수준별 학습 지도, 반복학습에 의해 그러한 결과를 낸 것은 아니다. 오히려 정반대였다. 가쿠요 중학교는 세 가지 지도나 마음 교육, 수준별 학습 지도에 대항하고 학교교육의 중추를 '배움의 창조'와 '수업개혁'으로 전환하여 그러한 위업을 달성한 것이다. 이러한 개혁은 같은 후지 시 모토요시와라 중학교, 다코우라 중학교에서 한층 더 발전하고 있고 현재 전국 각지의 시정촌市町村 교육위원회와 학교에 의해 추진되고 있다.

'배움의 공동체'를 내건 중학교의 개혁은 다음 세 가지 과제를 중심으로 수행되었다. 첫째는 수업개혁으로 모든 수업에 '작업활동'과 '모둠 협동', '표현 공유'라는 세 가지 요소의 도입을 요구하였다. 이 개혁은 쉽지 않았다. 오랫동안 교사들은 칠판을 등지고 교탁을 앞으로 해서 교과서를 해설하는 일방적인 수업에 익숙해져 왔기에 학생들의 협력학습을 중심으로 하는 수업 전환은 교사의 수업 양식을 근본적으로 개혁할 것을 요청하는 것이었다. 이러한 수업개혁에서 강조되었던 것은 '서로 듣는 관계'였다.

활동과 소집단 협동, 표현 공유 이 세 가지 요소가 모든 수업에 정착된 후에는 모든 교실의 책상 배치를 'ㄷ' 자나 집단별 테이블형으로 변경하여 서로 듣고 서로 배우는 교실 만들기를 진전시켰다. 그 효과는 절대적이었다. 이 개혁을 진행한 학교에서는 반년 후에는 교실을 떠나는 학생은 한 명도 없게 되고 일 년 후에는 책상에 엎드린 학생도 한 명도 보이지 않게 되었다. 배움이 학생의 희망을 안에서부터 지지하고 서로 배우는 친구의 존재와 학습을 지원하는 교사의 눈빛이 한 명 한 명의 학습의 '발돋움 및 점프'를 지지하게 되었던 것이다. 그 과정에서 교사들은 "학생이 계속 배우고 배움에 희망을 품고 있는 한 결코 무너지지 않는다"는 확신을 굳혔다.

두 번째 과제는 동료성의 구축이다. 학교는 안에서 개혁할 수밖에 없다. 그리고 모든 교사가 교실을 열지 않는 한 학교를 안에서 개혁하는 것은 불가능하다. '배움의 공동체'를 표방하는 학교에서는 개혁의 첫해부터 모든 교사가 최소한 해마다 한 번은 수업을 공개하고 그 수업을 교내 전체 혹은 학년단위에서 서로 비평하는 연수를 개최하였다. 중학교의 수업연구는 통상 교과단위로 진행되지만 이러한 개혁을 진행하는 중학교와 고등학교에서는 수업연구에서 교과의 벽을 넘어, 학년단위 혹은 교내 전체에서 수업의 검토가 진행되었다. 이렇게 수업 사례 연구 횟수가 50회에 이를 무렵부터 학교와 교실은 일변했다. 어느 교실이든 교사의 목소리는 긴장을 늦추고 부드러워졌다. 또한 학생 한 명 한 명이 부드럽고 진지하게 배우는 모습을 볼 수 있게 되었다. 교실에서 지적인 분위기와 건강한 웃음이 되살아나고 학생들 상호 간의 탐구활동을 교실 구석구석에서까지 볼 수 있었다. 그와 동시에 부등교도 격감하고 교내 폭력이나 비행도 사라졌다. 교사들이 동료성을 구축하고 교실에서 협력학습을 실현함으로써 학생들의 존엄이 세워지고 배움에 의한 대화가 나오게 된 것이다.

세 번째 과제는 학부모와 시민이 교육활동에 참가하는 것이다. 학교 만들기는 학부모나 시민과의 협력과 연대에 의해 뒷받침되고 진전된다. ‘배움의 공동체’를 표방한 학교에서는 총합학습과 교과 수업에 학부모가 참여하고 협력하는 활동을 추진하였다. 많은 학교에서 교사와 부모의 상호 불신 관계는 심각하다. 이러한 불신 관계를 신뢰 관계로 변화시키지 않는 한 학생 한 명 한 명의 배움을 보장하고 실현하는 것은 불가능하다. 부모의 수업 참가와 협력은 학생의 배움에 교사와 부모가 협동으로 책임을 지는 실천이다.

이러한 세 가지 과제를 중추로 해서 ‘배움의 공동체’ 학교 만들기는 전개되어왔다. 학교개혁에서 조바심을 내는 것은 금물이다. 하나의 학교개혁을 성취하기 위해서는 적어도 3년, 이상적으로 10년의 세월이 필요하다. 어느 학교에서든 매년 세 걸음 나아가고 인사이동에 의해 두 걸음 물러나는, 그러한 반복이 학교개혁의 확실한 전진을 보장해왔다.

나 자신, 가쿠요 중학교의 개혁에 협력할 때까지 1,000개가 넘는 학교개혁에 협력해왔지만 중학교 개혁은 초등학교나 유치원, 고등학교보다 훨씬 어렵고, ‘배움의 공동체’ 이념의 구체적인 실천으로 결실을 맺은 학교는 몇 학교밖에 되지 않았다. 가쿠요 중학교를 중심으로 하는 중학교 개혁의 도전은 21세기 ‘배움의 공동체’로서의 학교 만들기의 희망과 전망을 나타내고 있다.

3. 과제와 전망

앞으로의 학교개혁 지침으로 다음 세 가지 원칙을 제기해두고
싶다.

첫 번째 원칙은 '보다 적게 배우는 것이 보다 많이 배우는 것Less
is more'이라는 원칙이다. 교육내용에서도 학습 과제에서도 학교 행
사에서도 지금까지의 학교는 '이것도 필요하고, 저것도 필요하다'
는 요청으로 많은 내용을 잡다하게 조직해왔다. '넓고 얕게'라는
원칙이 지배해왔다고 말할 수 있다. 당연, 내용이나 과제가 넓으면
넓을수록 교사와 아이의 경험은 표면적인 것이 된다. 그러나 산업
주의 사회에서 후기산업주의 사회로 이행됨에 따라 지식과 배움의
'양'의 시대는 끝나고 '질'의 시대로 전환하고 있다. 앞으로의 학교
는 한층 더 본질적인 내용을 '좁고 깊게' 배우는 학교로 탈피하여
보다 높은 질의 배움을 모든 아이들에게 보장해야 한다.

두 번째 원칙은 '교육과정과 조직의 단순화Simple is better'이다.
오늘날의 학교교육과정과 조직은 지나치게 복잡하다. 초등학생이
하루 여섯 시간이나 되는 수업을 의미 있게 체험하는 것은 불가능
하다. 교사 쪽에서도 매일 여섯 시간의 수업을 충분히 준비하는 것
은 불가능하다. 학교 운영도 마찬가지다. 일본의 학교에서는 통상
교사 수를 넘어서는 업무분장이나 위원회가 조직되어 있다. 교사
의 업무가 복잡해지고 번잡해질수록 수업 만들기나 교육과정 만

들기, 연수라는 교사의 전문 영역의 일에 쓰는 시간과 에너지는 축소되고 공동화되어 간다. 나아가 업무분장이나 위원회에 의해 분업이 진행될수록 교사의 일은 단편화되어 교사 한 명 한 명의 책임은 애매해진다. 한 명 한 명의 교사가 전문가로서의 전체성全體性을 되찾고, 교내에 서로 배우고 서로 성장하는 동료성을 구축하기 위해서는 교육과정과 교사조직을 가능한 한 단순화하는 개혁이 필요하다.

세 번째 원칙은 '작은 공동체로 섬세한 관계를 기본으로 삼는 것 Small is sensible'이다. 오늘날의 학교는 대공장의 대량 생산 조립 라인을 모델로 조직되어 있다. 학교는 교장과 교사, 아이, 부모가 서로 마주하는 의사소통에 의한 개인적 관계를 기초로 조직되어 있지 않다. 학교 폭력이든 이지메든 문제행동이든 학급 붕괴든 간에 많은 위기적 현상은 대규모 학교일수록 심각하다. 대규모 학교일수록 아이도 교사도 부모도 있을 곳을 잃고, 서로 배우는 친구도 잃고, 자기 자신도 잃는 경향이 현저해지기 때문이다. 게다가 대규모 학교일수록 아이에 대해서도 교사에 대해서도 전체주의적이고 관료주의적인 관리가 강화되는 경향을 볼 수 있다. '배움의 공동체' 학교는 보다 작은 공동체를 기초로 해서 개인과 개인의 친밀한 관계로 조직되어야 할 것이다. 학교는 '잃어버리는 장소'에서 '찾아내는 장소'로 전환되어야 할 것이다.

지금까지 학교개혁은 단서를 찾은 단계에 지나지 않는다. 이후

로도 학교의 위기는 한층 심각해질 것이고, 학교의 미래 모습을 모색하는 것도 계속될 것이며, 다양한 개혁의 도전 또한 지속될 것이다. 지금 필요한 것은 우리들 한 명 한 명이 '좋은 학교란 어떠한 학교일까'라는 물음을 계속 탐구해가는 것일 게다. 좋은 학교란 분명 문제가 없는 학교는 아니다. 그렇다면 좋은 학교란 어떤 학교일까? 나는 좋은 학교란 끊임없이 아이들과 교사, 학부모가 문제를 공유하고 그 해결을 위해 협력하고 연대하는 학교라고 생각한다. 교육이라는 일은 일반적으로 생각하는 것 이상으로 복잡하고 어려운 사업이다. 아이와 교사, 학부모가 책임을 갖고 교육이라는 일의 복잡함과 어려움을 마주하는 데에서부터 개혁의 첫걸음이 내디뎌지고, 그 협동의 걸음 속에서 미래의 학교와 사회가 준비된다고 생각한다.

참고문헌

본서의 내용을 더 전문적으로 배우고 싶은 사람은 졸저『교육방법학教育方法学』(岩波書店, 1996)을 권한다. 교육의 방법에 관심이 많은 사람은 다음 문헌을 읽는 것이 좋을 것이다.

秋田喜代美,『아이를 키우는 수업 만들기子どもをはぐくむ授業づくり』, 岩波書店, 1996.

東洋,『아이의 능력과 교육 평가子どもの能力と教育評価』, 東京大学出版会, 2001.

稲垣忠彦,『수업연구의 진행授業研究の歩み』, 岩波書店, 1996.

稲垣忠彦, 佐藤学,『수업연구입문授業研究入門』, 岩波書店, 1996.

イリッチ, 佐藤学・小澤周三訳,『탈학교사회脱学校の社会』, 東京創元社, 1977.

ウィゴツキ_, 柴田義松訳,『사고와 언어思考と言語』, 新読書社, 2001.

勝田守一,『능력과 발달과 학습能力と発達と学習』, 国土社, 1990.

コメにウス, 鈴木秀勇訳,『대교수학大教授学』, 明治図書出版, 1962.

齋藤喜博,『수업입문授業入門』, 国土社, 1990.

佐伯眸,『수업의 원점-배움을 계속 묻는다「学び」を問いつづけて』, 小学館, 2003.

佐藤学,『교육과정 비평-공공성의 재구축으로カリキュラムの批評-公共性の再構築へ』, 世織書房, 1997.

佐藤学,『교사라는 아포리아-반성적 실천으로教師というアポリア-反省的実践へ』, 世織書房, 1997.

佐藤学,『배움의 쾌락-대화로学びの快楽-ダイアローグへ』, 世織書房, 1997.

佐藤学, 『교육개혁을 디자인한다教育改革をデザインする』, 岩波書店, 1999.

佐藤学, 『교사들의 도전教師たちの挑戦』, 世織書房, 2003.

佐藤学, 『학교의 도전学校の挑戦』, 世織書房, 2006.

佐藤学, 『교사화전서教師花伝書』, 世織書房, 2009.

津守真, 『보육자의 지평保育者の地平』, ミネルヴァ書房, 1997.

デューイ, 市村尚久訳, 『학교와 사회·아이와 교육과정学校と社会·子どもと カリキユウラム』, 講談社学術文庫, 1989.

東京大学学校教育高度化センター, 『기초학력을 묻는다-21세기 일본 교 육에 대한 전망基礎学力を問う-21世紀日本の教育への展望』, 東京大学 出版会, 2009.

プラトン, 藤沢令夫訳, 『메논メノン』, 岩波書店, 1994.

ブルーナー, 鈴木祥蔵·佐藤三郎訳, 『교육의 과정教育の過程』, 岩波書店, 1963.

ブルーナー, 田浦武雄·水越敏行訳, 『교수이론의 건설教授理論の建設』, 黎 明書房, 1997.

ルソー, 今野一雄訳, 『에밀エミール』, 岩波書店, 1962.

교육의 방법:
배움의 공동체를 위한 서언

– 박찬영

1. 우리는 왜 『아이들을 어떻게 가르칠 것인가』를 읽어야 하는가

    오늘날 혁신학교를 논할 때 사토 마나부의 배움의 공동체만큼 많이 거론되는 것도 없을 것이다. 그의 배움의 공동체는 활동으로서의 배움을 중심으로 돌봄과 배움으로서의 학교공동체를 구축하며 나아가 신자유주의 교육을 극복하려는 '일본'의 수업개혁, 교육개혁운동이다. 그러나 배움의 공동체가 수용되어온 그간의 모습은 지금까지 여러 교육 담론과 실천이 우리 교육에 들어올 때 보여준 익숙한 풍경과 다름이 없다.

사토 마나부의 배움의 공동체는 여러 번역서와 심포지엄의 형태로 소개되었지만 여전히 그 관심은 수업 형태와 같은 표피적인 데 머물고 있다. 그의 배움의 공동체가 교육 담론과 실천의 결과물이라면, 배움의 공동체는 어떻게 만들어져 왔는지, 배움의 공동체를 가능하게 한 그의 교육학과 철학은 무엇인지 물어야 한다. 이 책은 바로 이러한 물음에 응답하고 있다.

사토 마나부의 배움의 공동체가 우리에게 전해진 뒤 우리는 배움의 공동체를 거의 고유명사처럼 사용해왔다. 그러나 사토 마나부에게 배움의 공동체는 일반명사이다. 그는 듀이의 실험학교와 프랑스의 프레네 교육을 '배움의 공동체'로 간주하며 1990년대 이후 세계 각국에서 '배움의 공동체'를 표방하는 학교개혁이 활성화되고 있다고 말한다. 이런 맥락에서 우리는 배움의 공동체 앞에 사토 마나부의 호명을 분명히 해야 한다.

사토 마나부의 배움의 공동체는 분명 '하나의' 교육적 성취라고 할 수 있지만, 이제 우리의 시선은 배움의 공동체가 나온 그 논의의 토대로 향해야 한다. 『아이들을 어떻게 가르칠 것인가』는 그의 배움의 공동체를 이론적으로 함의하고 있다. 그 때문에 우리는 『아이들을 어떻게 가르칠 것인가』를 통해서 사토 마나부의 배움의 공동체가 어디서 왔는지 짐작할 수 있고, 우리 교육의 실천의 장을 확보하기 위한 논의의 입각점 또한 성찰할 수 있다. 따라서 이 책은 사토 마나부의 배움의 공동체를 위한 하나의 서언이며, 또 다른 배움의 공동체를 만들기 위해 검토해야 할 최소한의 제언이다.

2. 교육방법학이란 무엇인가

이 책은 사토 마나부의 『교육의 방법』(教育の方法, 東京: 左右社)을 우리말로 번역한 것이다. 『교육의 방법』은 원래 일본 방송대학 강의 교재로 집필되었다. 이 책은 모두 15장으로 논의는 수업과 학습, 교육과정, 교사를 중심으로 이루어져 있다.

사토 마나부의 대개의 글이 그렇듯 매 장은 군더더기 없고 친절하며 적지 않은 통찰을 준다. 역자 또한 교육사/교육철학 강의에서 학생들과 이 책의 일부 장을 다루면서 유익한 논의를 더해왔다. 헤르바르트의 교사중심 수업에 대한 비판과 함께 20세기에 들어선 다음 구미, 일본의 수업 역사에 대한 사토 마나부의 개괄은 훌륭하다. 사토 마나부는 20세기 교육의 출발점을 엘렌 케이의 『아동의 세기』와 존 듀이의 『학교와 사회』에서 살피고, 유럽의 신교육으로 슈타이너의 발도르프 학교(1919~)와 프랑스의 프레네 교육으로 정리하며 혁신 교육의 전통을 고찰한다.

일본 수업의 역사를 다루는 장에서도 우리는 꽤나 흥미로운 기술을 발견할 수 있다. 그 하나는 하우스크네히트를 매개로 한 헤르바르트의 수업이고, 다른 하나는 일본 내부의 교육과정 투쟁의 역사이다. 하우스크네히트는 독일 교육학자로 1889년 도쿄제국대학에 초빙되어 일본에 헤르바르트 교육학을 소개한 인물이다. 1880년대 말부터 1990년까지 헤르바르트 학파의 5단계 교수법은 일본에 대유행하는데, 비록 이를 일시적인 형식상의 모방이라고 하더라도[1] 오늘날 우리나라 교사의 수업에 대한 공통감각의 상당 부분은 여기까지 소급될 수 있다. 그리고 쇼와 시대 생활 글쓰기를 통해서 생활현실에 맞서는 인식과 정동을 기르고, 전후 신교육에서 독자적인 교육과정을 만드는 데 애쓰는 일본 내부로부터의 교육 투쟁사에서 이오덕 선생의 글쓰기 교육이 오버랩되기도 한다. 『아이들을 어떻게 가르칠 것인가』는 작은 책이지만 수업과 배움, 그리고 이를 에워싼 교육 담론은 여러 통찰을 던져주고 있다. 물론 사토 마나부의 『아이들을 어떻게 가르칠 것인가』가 언제나 미덕으로만 가득한 것은 아니다. 이는 다음 절의 사토 마나부의 배움의 공동체에 대한 비판적 성찰에서 언급할 것이다.

이 책은 부분적으로 가필된 부분이 있지만 거의 대부분이 1996년에 출간된 사토 마나부의 책『교육방법학』을 근간으로 하고 있다. 그 때문에 사토 마나부도 책 말미에 이 책의 내용에 관해 더 자세히 알고 싶은 이들은 자신의 책『교육방법학』을 읽어보라고 권하고 있다. 1장 '수업과 배움의 세계로', 2장 '변모하는 교실', 15장 '개혁의 전망'을 제외하면 나머지 장들은 1996년의『교육방법학』을

---

1   山住正己,『日本教育小史-近·現代』(東京: 岩波新書, 2007), 45쪽.

좀 더 쉽게 풀어놓은 것이라고 할 수 있다.

그런데 교육방법학이란 무엇인가? 우리에게 교육방법학이라는 명명이 낯설다. 우리에게는 교육방법학과 같은 교육학 하위 분과가 없기 때문이다. 어떤 의미에서 교육방법학은 일본 고유의 교육학 분과라고 할 수 있다. 사토 마나부 또한 교육방법학에 대응하는 영어 낱말을 찾을 수 없다고 토로한다. 조금 길지만 사토 마나부의 글을 그대로 인용하고자 한다.

> 굳이 교육방법학에 가까운 영어 낱말을 찾는다고 하면 교육학 pedagogy이 될 것이다. 교육학은 교육 관련 영역의 연구 전반을 포괄하는 교육연구educational research나 교육 현상이나 사실을 경험과학의 방법으로 해명하는 교육과학science of education과는 다른, 교육실천의 가치와 기술을 실증적으로 탐구하는 학문을 의미하고 있다. 따라서 교육학이 교육방법에 가장 가까운 개념이라고 말해도 좋다.
>
> 그러나 교육방법학을 교육학과 대응시킨다 하더라도 문제는 남는다. 교육학은 교육이론 일반을 의미하는 것도 있는가 하면 좁게는 수업의 실천적·기술적 원리를 의미하는 것도 있기 때문이다. 실제, 교육방법학은 교육학의 광의의 의미와 협의의 의미 그 사이에 해당되는 낱말인 것이다. 교육방법학의 영역은 수업의 기술적 원리에 관한 문제만이 아니라 교실에서의 아이의 학습 경험 문제, 교육과정의 구성

과 평가에 관한 문제, 교실에서의 교사와 아이의 의사소통 문제, 교사와 교사교육에 관한 문제 등을 포섭하여 성립한다.

(……) 교육방법학 장르의 포괄성은 대상 영역의 폭넓음을 보여줄 뿐만 아니라, 다양한 대상 영역에서 제기되고 있는 문제에 접근하는 방법의 포괄성도 의미하고 있다. 이 포괄성은 또한 교육방법학의 학제적 성격을 표현하고 있다. 교육심리학, 교육사회학, 교육정치(행정)학, 교육철학, 교육사학, 교육인류학 등은 무릇 모학문인 심리학, 사회학, 법학, 정치학, 철학, 역사학, 문화인류학 등의 개념과 방법론을 기초로 함으로써 교육 사상事象이나 문제에 접근하는 연구 영역을 형성하고 있지만 교육방법학에서는 그러한 개념이나 방법론을 규정하는 모학문을 특정할 수 없다. 교육방법학은 교육과정에서 일어나는 실천적인 문제의 대상 영역(수업, 학습, 교육과정, 교사)에 의해 규정된 학문 장르로, 특정 학문 분야discipline를 기반으로 성립한 학문은 아닌 것이다.[2]

일본의 교육방법학은 "교육실천의 가치와 기술을 실증적으로 탐구하는 학문"으로, 페다고지와 유사하나 페다고지로 환원되지는 않는다. 교육방법학은 교육이론 일반으로서의 교육학pedagogy과 수업의 실천적·기술적 원리로서의 교육학 사이에 터해 있기 때

---

2 佐藤学, 『教育方法学』(東京: 岩波書店, 1997), 3-4쪽. 이 책은 『教育方法学』(1996)의 2쇄다.

문이다. 교육방법학에 모학문이 없고, 실천적인 문제에 통합학문적 접근을 취하는 것은 이러한 학문적 성격이 반영된 것이다. 『교육의 방법』 마지막 장이 일본의 배움의 공동체의 성과와 앞으로의 과제를 던지며 끝나는 것은 교육방법학이 갖고 있는 실천적 측면에 말미암은 것이다.

> 다른 한편 실천적 탐구로서의 교육방법학은 교사가 교실에서 전개하고 있는 성찰이나 선택, 판단에 대한 반성과 비평을 중심으로 하는 탐구로 (……) 학제적이고 종합적인 지견을 구체적인 문제 해결에서 통합하고, 실천적인 견식practical wisdom을 형성하는 것을 목적으로 한다. 이런 의미에서의 교육방법학은 교육의 실천학을 의미하는 협의의 교육학pedagogy과 같은 뜻이라고 말해도 좋을 것이다.[3]

사토 마나부의 배움의 공동체가 하마노고 소학교 시범학교로 처음 구현된 것이 1998년이었음을 떠올리면, 사토 마나부의 배움의 공동체는 1996년의 『교육방법학』과 2010년의 『교육의 방법』으로 짜놓은 논의의 틀에서 이해해야 한다. 『교육방법학』 1장은 "교육방법의 학으로부터 교육실천의 학으로"라는 부제를 갖고 있는데, 이는 그의 문제의식을 잘 요약하고 있다.

---

3 같은 책, 5쪽.

3. 사토 마나부의 배움의 공동체와 그 교육적 의의

사토 마나부의 배움의 공동체는 학제적 논의에 의해 뒷받침되고 있다. 그는 데보라 마이어의 미국 학교개혁, 말라구찌의 레지오 교육 등 국내외 교육개혁 사례를 참고하고 있고, 교직 전문직성을 논할 때는 리 슐만Lee Shulman의 논의를, 성공한 학교 요인의 최대 요인을 동료성에서 찾을 때는 주디스 리틀의 통찰에 의존하고 있다. 그러나 그보다 더 특기해야 할 것은 사토 마나부의 배움의 공동체 개혁은 교육학보다는 인문학과 사회과학에 그 이론적 기초를 두고 있다는 사실이다. 교육학이 교육의 개선에 많은 도움을 주지만 수업개혁이나 학교개혁은 결국 사회개혁의 일부이자 문화개혁의 일부이기 때문에 교육학에 의해 수업개혁과 학교개혁을 수행하는 것은 불가능하다는 그의 발언은 급진적이다. 사토 마나부가 배움의 공동체의 이론적 기초에 다음과 같은 이론들을 집결시키고 있는 것은 그래서이다.

듀이, 제임스, 푸코, 들뢰즈, 쇤Donald Schön, 홀퀴스트Michael Holquist의 철학, 모스의 문화인류학, 멈포드Lewis Mumford의 문화비평, 비고츠키, 브루너의 심리학, 테일러Charles Taylor, 거트먼Amy Gutmann, 후지타 쇼조藤田省三의 정치철학, 노이만Erich Neumann, 벨라Robert Neelly Bellah, 퍼트넘, 번스타인William J. Bernstein의 사

회철학, 클레Paul Klee, 다니카와 슌타로谷川俊太郎의 시와 철학, 미요시 아키라三善晃의 음악과 철학, 기사라기 고하루如月小春의 연극론, 나딩스의 윤리학, 슈왑Joseph J. Schwab, 프레이리, 말라구찌Loris Malaguzzi, 슐만Lee S. Shulman, 아이스너Elliot W. Eisner, 엥게스트롬Yrjö Engeström, 램퍼트Magdalene Lampert의 교육학, 로티Dan C. Lortie, 하그리브스Andy Hargreaves, 위티Geoff Whitty의 교육사회학 등이다.[4]

사토 마나부가 그의 배움의 공동체의 기초에 철학, 인류학, 심리학, 시학, 미학, 윤리학, 교육학을 두고 있는 것은 특기할 일이다. 그러나 문제는 과연 이들이 그의 배움의 공동체를 얼마나 유기적으로 뒷받침하고 있는가 하는 데 있다. 이러한 약간의 의구심은 다음 배움의 공동체에 대한 비판적 성찰의 절에서 다루기로 한다.

사토 마나부의 교육방법론은 그의 배움의 공동체로 특화되어 있다. 따라서 배움의 공동체에 대한 성찰을 통해서 우리는 그의 교육적 이념과 방법론이 갖고 있는 교육적 함의를 동시에 읽을 수 있다. 사토 마나부의 배움의 공동체는 배움을 매개로 구성한 공동체이다. 여기서 마나비学び는 그가 만든 신조어로서 억지로 힘쓰는 벤

---

4 사토 마나부, 「학교개혁의 철학-배움의 공동체」, 사토 마나부 초청 워크숍 자료집 『수업이 바뀌면 학교가 바뀐다』, 27-28쪽. 이 글의 원문은 「学校再生の哲学-「学びの共同体」のヴィジョンと原理と活動システム」(『現代思想』, 青土社, 2007년 4월호)으로 앞으로의 인용은 자료집에 기초하되 원문을 참고하여 옮긴다.

쿄勉强로서의 학습을 낙후시키고 새로운 교수/학습 모델을 제안하기 위한 것이다. 그는 억지로 힘쓰는 공부[勉强]와 배움의 구획 기준을 만남과 대화의 유무에 두었다.

사토 마나부에 따르면 공부에서 배움으로의 전환은 다음 세 가지 과제로서 수행된다. 첫째는 도구(사물, 언어, 상징, 모델, 이론)로 매개된 활동으로서의 배움이고, 둘째는 협력학습으로서의 배움이며, 셋째는 표현하고 공유하는 배움이다. 사토 마나부에 따르면 이 중에서 도구에 의해 매개된 활동이 제일의 과제이다. 마나비学び로의 전환은 소극적으로 말하면 앉아서 배우는 수동적인 좌학, 곧 벤쿄를 극복하려는 것이다. 원래 일본어 벤쿄는 상인이 값을 깎아주기 힘들지만 억지로 '에누리해 드리겠다'는 의미로 사용되었다. 그의 지적처럼 일본어 벤쿄가 학습의 의미로 사용된 것은 메이지 10년대이고, 메이지 20년대 이후 수험 경쟁이 시작되면서 무리한 상태를 야유하는 의미를 지니게 된 것으로 추측된다. 메이지 시대는 교육의 진흥과 연동하여 입신출세 이데올로기가 보급되는데[5], 이러한 풍조 속에 일본어 벤쿄는 결탁되었을 것이다. 일제 강점기 이후 공부에 대한 우리의 이해는 상당 부분 벤쿄의 틀에 의해 굴절된 것으로 간주될 수 있다.

사토 마나부는 행동의 변화를 학습으로 간주하는 행동주의 학

5　혼다 마스코, 구수진 옮김, 『20세기는 어린이를 어떻게 보았는가』(서울: 한림토이북), 91-94쪽.

습론과 인지구조의 변화를 학습으로 간주하는 인지주의 학습론을 비판한다. 이 책에서 사토 마나부는, 비고츠키는 배움을 개인주의적 활동으로 인식하는 것이 아니라 협력적이며 사회적인 활동으로서 인식한다고 지적한다. 이는 인간의 고차정신기능이 정신에 내재하거나 정신 내부에서 발생한다는 것이 아니라 사회적으로 형성되는 것임을 강조하는 것이다. 활동주의적 배움은 그 본성상 뇌의 시냅스의 결합일 뿐인 활동으로서 개인주의적 활동이 아니라, 협력적·사회적 활동을 요구할 수밖에 없다. 따라서 사토 마나부의 배움의 공동체는 하나의 논리적 요청이 아니라, 활동으로서의 배움을 취할 때 귀결되는 학교공동체의 현 세태이다. 이는 사토 마나부의 배움의 공동체가 갖고 있는 내재적 원리를 집약하고 있다.

사토 마나부의 배움의 공동체는 일차적으로는 소외된 배움을 교실 내에 다시 불러오는 데 있지만 그 효과는 배움의 회복에 그치지 않는다. 그동안 잘 소개되었듯이 사토 마나부의 배움의 공동체를 도입한 하마노고 소학교와 가쿠요 중학교의 교육 결과는 탁월하였다. 수업 사례 연구 횟수가 30회 이상 되자 교실에서 교사의 목소리는 부드러워지고 학생 한 사람 한 사람이 부드럽고 진지하게 배우는 모습을 볼 수 있게 되었다고 한다. 많은 문제가 있었던 가쿠요 중학교는 3년도 되지 않아 부등교 학생이 38명에서 6명으로 격감했고, 일 년 만에 교내 폭력과 비행을 거의 없앨 수 있었다고 한다. 배움이 돌봄을 함의하는 사례라 할 것이다. 또한 배움을 통한 건강한 관계의 구축에서 빚어지는 효과로, 가쿠요 중학교는 배움의 공동체 만들기에 전념하며 상대적으로 클럽 활동에 쏟는 열정은 줄였지만 이후 15종목 중 13종목에서 3위로 입상하는 등 배움의 공동체 구축이 클럽 활동에서도 예기치 않은 결과를 낳았다[6]고 사토 마나부는 적시하기도 한다. 이는 배움이 교육과정 전반에 끼친 유의미한 영향의 또 다른 사례일 것이다.

한편, 활동으로서의 배움을 중심으로 구축된 사토 마나부의 배움의 공동체는 사회정치적 차원에서 하나의 민주주의를 지향하고 있다. 1980년대의 일본은 한편에서는 국민국가의 통합과 산업사회 발전을 위해 획일주의 교육과 효율성을 추구하고, 다른 한편에서는 경쟁으로 교육을 사사화하고 상품화시킨다. 이러한 흐름에 맞서 교육의 공공성 재구축이 요청되며 1980년대의 일본 교육은 근대와 탈근대, 신자유주의 교육과 이에 저항하는 사회민주주의 교육의 노선 사이를 부유한다. 사토 마나부는 국민국가의 근대와 사사화의 탈근대 사이에서, 배움의 공동체 구축을 시도한다. 배움의 공동체 구축이 "획일적이며 전체주의적인 교육과 배타적이고 개인주의적인 학습의 공범관계 구조를 전환하는 개혁에서 구체화"[7]된다고 보는 데서 사회민주주의 교육의 일단을 드러낸다.

---

6 佐藤学, 『学校の挑戦』(東京: 世織書房, 2008), 110쪽.

7 佐藤学, 「学びの場としての学校」, 佐伯胖・藤田英典・佐藤学編, 『身体のダイアロ―グ』(東京: 岩波書店, 2004), 92쪽.

사토 마나부의 배움의 공동체는 듀이 식으로 말하면 삶의 방식으로서의 민주주의를 지향하고 있는데, 이는 사토 마나부의 배움의 공동체가 갖는 사회적·정치적 함의를 뒷받침한다. 사토 마나부의 배움의 공동체가 갖고 있는 정치적 함의는 하마노고 소학교에서 표방하는 이념과 철학에 구체적으로 잘 나타나 있다. 그중 언급할 것은 다음 두 가지이다.[8]

첫째, 공공성public philosophy이다. 학교는 공적 사명public mission과 책임으로 조직된 장소이며 교사는 공적 사명과 책임을 맡은 전문가이다. 교사의 책임은 아이들 한 명 한 명의 배움의 권리를 실현하고 민주주의 사회를 실현하는 데 있다. 학교가 갖는 공공성의 또 다른 의미는 학교가 공적 공간public space으로 열려 있다는 것에 있다. 공공성은 공간 개념이며 학교와 교실의 공간이 안팎으로 열려 다양한 삶의 방식과 사고방식이 의사소통에 의해 교류되는 것을 말한다.

둘째, 민주주의이다. 학교교육의 목적은 민주주의 사회를 건설하는 데 있고, 학교는 그 자체가 민주적인 사회조직이어야 한다. 여기서 말하는 민주주의는 존 듀이가 정의한 것처럼 함께 살아가는 삶의 방식a way of associated living을 의미한다. 민주주의의 원리로 조직된 학교에서 아이, 교사, 보호자 한 사람 한 사람은 각각 고유의 역할과

---

8 사토 마나부, 「학교개혁의 철학-배움의 공동체」, 24쪽.

책임을 지고 학교 운영에 참가하는 주인공protagonist이다.

사토 마나부의 배움의 공동체는 정치적 차원에서 민주주의와 의사소통 이론을 원리로 한다. 그가 학교의 목적을 민주주의 사회의 건설에 있다고 역설하면서 '함께 살아가는 삶의 방식a way of associated living'으로서의 민주주의를 거론할 때, 우리는 그의 배움의 공동체가 얼마나 듀이의 철학에 의존하고 있는지 잘 알 수 있다. 사토 마나부가 자신의 배움의 공동체가 사회민주주의의 개혁 전통에 서 있다고 할 때, 그 논의의 패러다임은 듀이의 사회민주주의에 있다고 해야 한다.

그러나 사토 마나부의 민주주의는 듀이의 그것과 궤를 같이하고 있지만, 그가 추구하는 민주주의를 듀이의 민주주의로 그대로 환원시켜서는 안 된다. 왜냐하면 사토 마나부는 배움의 공동체 학교 개혁을 통해서 심의민주주의deliberative democracy에서 정의되는 민주주의 개념이 심화되고 있다[9]고 하며, 현대민주주의 담론으로 그의 배움의 공동체의 민주주의론을 보강하고 있기 때문이다. 사토 마나부의 배움의 공동체 개혁은 오늘날 하나의 대안으로 간주되는 심의민주주의와 함께, 앞서 배움의 공동체 철학을 언급할 때의 공공성, 더 엄밀히 옮기면 공공 철학public philosophy을 학교에 요구하고 있다고 할 수 있다.

---

9 사토 마나부, 「학교개혁의 철학-배움의 공동체」, 36쪽.

여기서 사토 마나부의 배움의 공동체 개혁이 참여민주주의보다 심의민주주의로 정의되는 민주주의 개념을 심화시킨다고 하는 지적에 주목할 필요가 있다. 심의민주주의는 참여민주주의가 고려하는 주체의 참여와 함께 참여 주체의 논의 방식, 곧 심의라는 대화의 민주주의를 아우르고자 한 것이다. 사토 마나부의 배움의 공동체의 철학이 함의하는 민주주의는 한 명 한 명 구성원들이 참여하고, 심의하고, 토론하는 삶의 방식으로서의 민주주의를 의미하는 것이다. 아이, 교사, 부모, 교육행정 담당자의 연대를 기초로 해서, 아이와 교사가 공동으로 배우고 성장하여 공공적 공간을 재구축하고, 부모와 시민이 교사와 협력하여 교육활동에 참가하는 것[10]은 배움으로 수렴되는 삶의 방식으로서의 '심의' 민주주의가 구현된 것으로 해석할 수 있다. 「하마노고 개혁안」에서 학생, 교사, 학부모와 시민이 학습과 수업, 교육실천을 통해서 학교를 배우는 장소로 간주하고, 교실에서는 배움의 관계가 구축되고, 교사들이 동료성에 기초하여 수업을 창조하고 공개하고 비평하며, 학부모와 주민이 수업에 참가하고 교사와 협력하는 것은 이의 극적인 사례라고 할 수 있다.[11]

10 佐藤学, 『学びの場としての学校』, 91-94쪽.

11 佐藤学, 『教師というアポリア-反省的実践へ』(東京: 世織書房, 2003), 92쪽.

4. 사토 마나부의 배움의 공동체에 던지는 비판적 질문

사토 마나부의 배움의 공동체는 인문학·사회과학적 토대와 비고츠키의 활동으로서의 배움, 심의민주주의를 지향하는 삶의 방식으로서의 민주주의와 관련되어 있다. 그러나 문제는 이러한 논의들이 사토 마나부의 배움의 공동체를 유기적으로 뒷받침하고 있지 않다는 데 있다.

그가 인용하는, 그리고 주장하는 많은 논의들은 지나칠 정도로 절제되어 있다. 그가 더 자세히 알고 싶은 이들에게 참고하라고 한 『교육방법학』을 보더라도 아쉬움은 남는다. 문제는 논의의 소략함만이 아니다. 무엇보다 그가 원용하고 있는 여러 논의들이 그의 배움의 공동체에서 잘 발견되지 않고, 나타나더라도 거칠다는 데 있다.

이 점에 대해 이 책과 관련된 논의 이전에 우선 그의 배움의 공동체에서 다루지 않은 한 가지 논의의 축부터 말하고자 한다. 그것은 어린이에 대한 사토 마나부의 시각에 관한 것이다. 주지하듯 사토 마나부는 자신의 배움의 공동체에서 배움을 매개로 학습자로서의 어린이를 복권시키고자 한다. 어린이와 어린이, 어린이와 교사, 지역 주민의 관계를 통해서 어린이를 배움의 주체로 분명히 상정하고 있다. 그러나 학습 주체의 회복은 강조되지만 어린이를 어린이로 볼 수 있는 다양한 지점의 시선들은 그의 배움의 공동체에 부각되지 않는다. 나아가 학습 주체의 회복을 말할 때조차도, 여전히 그의 어린이 이해는 추상적인, 일반 어린이를 상정하는 한계를 나타낸다.

그런데 사토 마나부가 배움의 주체로 어린이를 복권시키면서 어린이의 존재에 대한 성찰도 탐구도 없이 자신의 배움의 공동체를 제출한 것은 아니다. 그는 근대 어린이의 탄생과 소멸 문제를 숙고하고, 재생으로의 과제를 고민한다. 문제는 어린이의 존재에 대한 최소한의 이해와 성찰이 없는 것이 아니라 그러한 성찰이 그의 배움의 공동체에 유기적으로 개입되어 있지 않다는 데 있다.

사토 마나부는 「아동의 상실과 소멸=문제의 구도」라는 글에서 아리에스의 근대 어린이의 탄생 논의와 이를 비판하는 폴록의 관점을 검토하며 루소와 케이의 어린이관을 거쳐 근대 어린이 개념을 반성한다. 사토 마나부의 제언에서 우리는 다음과 같이 그의 어린이관의 대략을 엿볼 수 있다.

첫째, 근대 '아동의 발견'은 자연에 있어서 이념화되고 추상화되고 보편화된 '아동의 발견'이었다. 교육학은 추상적이고 보편적인 아이의 발달이 아니라 고유명을 지닌 역사적·사회적인 문맥에서 사는 아이의 인식을 이끌 발달 연구로 나아갈 필요가 있다.

둘째, 아동기를 어른의 준비로서 인식하는 틀을 넘어설 필요가 있다. 루소에 의한 아동의 발견과는 다른 의미로, 어른으로의 준비기로 회수되지 않는 아동기가 재발견되어야 한다.

셋째, 아이와 어른의 경계선을 긋는 일련의 이항대립 구도를 재편성할 필요가 있다. 현실을 잘 살피면 때로는 아이들이 어른보다 정치의식과 사회의식을 더 갖고 있는 것을 볼 수 있다. 아이를 미숙한 존재로, 어른을 성숙한 존재로 구획하는 이항대립은 폐기되어야 한다.

넷째, 레지오 교육의 말라구찌처럼 어른의 보호와 교육의 객체로서의 약한 아이라는 틀을 넘어서서 아이를 어른과 함께 창조적인 인식과 표현에 의해 개성과 공동성을 실현하는 '강한 주체'로 간주해야 한다.

다섯째, 아이의 보호와 양육의 장치인 가족과 지역의 공동체가 해체되고, 교육의 장치인 학교의 위기가 심각해지고, 청년노동시장이 붕괴되고 있는 현재, 아이를 양육하고 배움을 촉진하는 네트워크가 가족과 학교, 지역을 기반으로 재구성될 필요가 있다.[12]

어린이와 아동기에 대한 사토 마나부의 성찰은 어린이의 존재를 성찰하는 어린이철학론자의 문제의식과 맞닿아 있다. 우리는 어른의 준비기로 환원되지 않는 아동기의 재발견과 함께 아이와 어른의 이항대립의 구도를 재편성하고, 아이의 사회적·정치적 의식을 장려하며, 개성과 공동성을 실현할 수 있는 '강한 주체'의 측면을 숙고

12　佐藤学,「子どもの喪失と消滅=問題の構図」, 藤田英典·黒崎勲·片桐芳雄·佐藤学 編,『子ども問題』(東京: 世織書房, 2001).

하는 사토 마나부의 통찰을 간과해서는 안 된다. 그러나 사토 마나부의 배움의 공동체에서는 어린이는 개별적 어린이가 아니라 일반 어린이 그 이상으로 나아가지 않으며, 어린이와 아동기에 대한 사토 마나부의 문제의식과 성찰이 전면적으로 배움의 공동체의 내부에 자리하고 있지 않다. 우리는 사회적·정치적 주체로서의 어린이관을 그의 배움의 공동체 어디에서 찾을 수 있는가? 강한 주체로서의 어린이를 위한 학교는 어떠한 학교여야 하는가?

혁신학교에서 강조하는 '배움과 돌봄의 책임교육 공동체'는 배려와 존중의 관계를 만들고 아이들의 전면적인 발달을 위한 보살핌을 무엇보다 앞에 세우지만[13] 심성보는 배움과 돌봄의 공동체에는 정의가 잘 보이지 않는다고 비판한다.[14] 이는 돌봄과 정의의 균형을 찾자는 지적이다. 사토 마나부의 배움의 공동체 철학 중 하나가 민주주의라고 하지만, 기실 정의의 교육철학, 정의로운 공동체로서의 학교를 어떻게 구현하려는지, 배움의 공동체에서 강한 주체로서의 어린이는 어떻게 교실과 학교에서 복권되는지, 과연 어린이를 시민으로서 간주하고 있는지, 그러한 논의와 실천이 부각되지 않는 한계가 있다.

사토 마나부의 배움의 공동체에서 지향하는 반성적 실천가로서의 교사상에도 유사한 위험이 있다. 먼저 한 가지 짚어두어야 할 것

---

13 성열관·이순철, 『혁신학교』(서울: 살림터, 2011), 6쪽.

14 심성보, 『민주시민교육』(서울: 살림터, 2011), 523-524쪽.

은 반성적 실천가에서 그 '실천가'를 프레이리의 실천 개념으로 읽어서는 안 된다는 것이다. 반성적 실천가로서의 교사는 자주적 연수나 비형식적인 연구회를 기초로 한 전문적 문화를 추구한다. 그의 지적처럼 공복으로서의 교사상의 대항 문화는 노동자로서의 교사상이고, 이 노동자로서의 교사상의 대항 문화가 반성적 실천가로서의 교사상이다. 수업 관찰에 근거한 사례 연구와 교사의 실천적인 경험이나 견식의 교류가 활성화되어야 한다는 사토 마나부의 제언은 지극히 온당한 것이다. 그러나 문제는 반성적 실천가가 노동자로서의 교사상을 포월包越하는 것이 아니라 노동자로서의 교사상을 배제하고 교육에서의 정의 문제에 소극적이며 자발적인 수업연수회에 함몰되는 경우이다. 정의에 대한 우리 사회의 강렬한 요청만큼 우리 교육의 생활세계도 정의에 목말라 있다. 사토 마나부의 배움의 학교공동체가 민주주의를 지향하고 있기에 교사의 주체적 역할과 학교와 교실 내외의 정의 문제를 전적으로 배제하지는 않지만, 배움의 공동체가 돌봄과 배움을 지향할 때 정의의 영역이 자연스럽게 소외되는 것은 불가피한 일이다.

사토 마나부는 기성의 논의와 이론을 성찰하는 데서는 최소한의 성실성을 보여주지만 때때로 그러한 성찰을 자신의 배움의 공동체 내에 구현시키기 위한, 이론과 실천의 경계에서 보여주어야 할 섬세함과 세련됨을 놓치고 있다. 사토 마나부의 배움의 공동체는 삶의 방식으로서의 민주주의, 공공성과 심의민주주의를 심화시킬 수 있다고 했지만, 이러한 문제의식은 그의 배움의 공동체에서 그렇게 성공적으로 부각되지 않는다. 물론 사토 마나부 또한 대화를 강조한다. 주지하듯 그의 대화는 대상 세계와의 대화, 타자와의 대화, 자기 자신과의 대화라는 세 대화의 종합적 실천으로 이루어진다. 그러나 타자의 목소리를 듣고 대화를 나누는 행위가 심의민주주의를 심화시키지만, 문제는 어떻게 심의 능력을 키울 것인지 말해주지 않는다는 것이다. 사토 마나부는 수업에서의 교사의 역할로서 '듣기', '연결 짓기', '되돌리기'라는 세 가지 활동을 제시하고 있지만[15] 사실 교사의 연결 짓기와 되돌리기는 아이들의 발언을 끊지 않고 일부 아이들을 중심으로 전개되는 대화를 막을 수 있는 방편에 지나지 않는다. 만일 연결 짓기나 되돌리기로 아이들의 비판적 사고와 변증법적 대화를 장려하고자 한다면, 나아가 배움의 공동체에서 심의민주주의를 심화시킬 수 있는 대화를 만들고자 한다면, 교사와 아이들에게 또 다른 미덕이 필요하다.[16] 앞서 사토 마나

---

15 사토 마나부, 「학교개혁의 철학-배움의 공동체」, 26쪽. 세 활동에 대한 보다 자세한 설명은 다음을 참조할 것. 손우정, 「배움을 중심으로 한 수업 창조」, 123-125쪽. 한대동 외(2009), 『배움과 돌봄의 학교공동체』, 서울: 학지사.

16 총합학습으로 시민성 교육을 할 수 있는 반론이 가능하다(사토 마나부, 손우정 옮김, 『수업이 바뀌면 학교가 바뀐다』(에듀케어, 2010), 152-153쪽). 그러나 시민성 교육을 엥글과 오초아(Engle, S.H. & Ochoa)의 언어로 바꿔 말하면 사회화와 반사회화로 나눌 수 있는데 총합학습으로 이 둘을 함께 이루기는 쉽지 않다. 사회가 요구하는 질서와 관습을 습득하는 사회화와 달리 반사회화는 이성과 사회 비판을 앞세우며 합리적인 의사결정 능력을 강조하기에 별도의 접근이 요구된다. 어린이철학은 이러한 문제의식을 구체적으로 담아내고 있다. 다음을 보라. 박찬영·권철호, 「철학적 탐구공동체, 참여·심의민주주의적 민주시민교육을 위한 교실 모

부가 아동기는 어른의 준비기가 아니며 어린이에게는 능동적인 사회적·정치적 의식을 갖춘 '강한 주체'의 측면이 있다고 한 말을 떠올리면, 심의민주주의를 심화시킬 수업에서의 교사 활동은 연결 짓기, 되돌리기 이상의 보다 더 섬세하고 통찰이 깃든 대화 활동이 요청되어야 할 것이다.[17]

끝으로 사토 마나부의 배움의 공동체의 내적인 구심점이라고 할 수 있는 활동으로서의 배움과 관련한 문제이다. 이 문제의 핵심은 비고츠키에 관한 사토 마나부의 이해이다. 사토 마나부는 활동주의 학습관을 논하는 절에서 비고츠키를 다루고 있지만 다루는 내용과 범위가 모두 소략하다. 그 자세한 논의를 살피기 위해서 그의 『교육방법학』을 일별하더라도 우리는 별다른 소득을 얻지 못한다. 『교육방법학』에서 사토 마나부는 비고츠키를 듀이와 함께 사회적 구성주의자로 소개하고 브루너의 비계 개념을 언급하

멜로 가능한가」, 전국교직원노동조합 참교육연구소, 『실천교육학』 통권 1권 1호, 2007; 박찬영, 『어린이철학, 도덕교육에 대한 또 다른 목소리』(파주: 한국학술정보, 2008); Matthew Lipman, Thinking in Education. 2nd ed.(Cambridge University Press, 2003). 박진환·김혜숙 옮김, 『고차적 사고력 교육』(서울: 인간사랑, 2005).

17 심의민주주의는 차치하고, 서근원은 사토 마나부의 배움의 공통체가 듀이의 민주주의와 교육의 통찰조차 제대로 반영하고 있는지 의심하고 있다. 그는 혁신학교의 교사가 경직된 방식으로 배움의 공동체 매뉴얼을 반복하고 있는 일부 현상은 우리 교육이 배움의 공동체를 실천하기 이전에 배움의 공동체가 전개되어야 할 적합한 조건을 갖추었는지, 그리고 우리 교육이 갖고 있는 문제의 핵심이 무엇인지 숙고하지 못한 결과라고 진단하고 있다. 서근원, 「"배움의 공동체"는 학교 혁신의 길이 될 수 있는가」, 국제혁신교육 심포지움 토론문, 2011. 6. 2-3.

고 그치는데[18] 이는 지금보다 훨씬 낙후된 이해이다. 이는 사토 마나부의 배움의 공동체가 완결된 하나의 체계가 아니라 발전해가고 있는 과정으로서의 산물임을 방증하는 것이다. 배움의 공동체의 학적 연원이 학습자 중심의 구성주의에 지나지 않고, 배움만 있고 가르치는 교사가 없으며 어린이의 전면적인 발달을 고려하지 못한다는 일각의 지적은 일면 지나친 것이라 하더라도 적어도 사토 마나부의 배움의 공동체에 엄밀한 체계가 없다는 비판은 기본적으로 옳다.[19]

사토 마나부는 교육방법학이 다루는 것은 "교육자의 실천에 대한 판단과 선택을 지탱하는 지식과 견식"이며, "거기서는 교육의 실천적인 문제 해결을 위해 다양한 분야의 이론과 지식이 종합적으로 활용"된다고 하였다. 그러나 그의 교육방법학은 부분적으로 '다양한 분야의 이론과 지식'을 표층 차원에서 집합시키는 한계를 남기고 있다.

논의를 마치며 이 책의 번역어에 관해 두 가지를 언급하고자 한다. 하나는 '협력'이고 다른 하나는 '최근접발달영역'이다. 사토 마나부는 이 책 전편에 걸쳐 협력과 협동을 구분하지 않는다. 프레네 교육이야 처음부터 협동이라고 쓰고 있으니 그대로 옮겨도 문제가 없지만, 비고츠키와 관련된 표현에 있어서 '협동cooperation'과

---

18 佐藤学,『教育方法学』, 69-70쪽.

19 배희철, 「2. 배움의 공동체에 대한 교육학적 검토」, 『진보교육』 41호(2011년 7월호).

'협력collaboration'의 구분은 필요하다. 비고츠키 절에서 협동을 역자는 협력으로 옮겼다. 협력을 협동으로 옮긴 것은 일차적으로 사토 마나부의 잘못이기는 하지만 이는 일본의 관행인 듯하다. 이 책 참고문헌에 소개하고 있는 『사고와 언어思考と言語』의 역자 시바타 요시마츠가 쓴 비고츠키 입문서를 보면 그 또한 협동으로 번역하고 있기 때문이다. 시바타 요시마츠는 1962년에 『사고와 언어』의 일역을 위시로 이후 비고츠키의 주요 서적을 러시아어 원서에서 직접 일본어로 옮긴 인물이다. 우리말 근접발달영역은 일본에서는 시바타에 의해 '발달의 최근접영역'으로 번역되었다. 사토 마나부 역시 1996년 『교육방법학』에서도, 그리고 이 책의 원서인 『교육의 방법教育の方法』에서도 '발달의 최근접영역'으로 쓰고 있다. 그러나 최근 나카무라의 지적처럼[20] '근접발달영역'의 러시아 원어는 зона ближайшего развития로, 여기서 зона는 영역zone을, ближайший는 '가깝다'는 형용사 близкий의 최상급을 의미한다. 그리고 развития은 발달이라는 뜻이다. 그러니 우리말로 하면 최근접발달영역이 정확한 표현이다. ближайшего이 최근접 외에 '그 다음'이라는 뜻도 있으니 '다음발달영역'도 경쟁할 수 있는 번역어지만 가까이와 가장 가까이의 차이는 우리말 표현에서 살려두는 것이 좋지 않을까 하는 생각이 들었다. 이 책에서 최근접발달영역이라고 한 것은 이러한 이유에서이다.

20　中村和夫, 『ウィゴツキー心理学』, 新読書社, 2004, 9-11쪽.

지난 십여 년 동안 사토 마나부의 '배움의 공동체'로서의 학교 만들기 교육개혁은 일본의 많은 학교에서 시행되어왔고, 그 탁월한 교육적 성취는 존중받아 마땅할 것이다. 그러나 사토 마나부의 배움의 공동체는 하나의 배움의 공동체이자 일본 교육방법학의 산물이라는 것을 간과해서는 안 된다. 게다가 우리의 교육학에는 일본의 교육방법학과 같은 페다고지가 존재하지 않으며 우리의 교육은 일본의 교육과 공통성만큼이나 차이 또한 있다. 그렇다면 우리 식의 또 다른 배움의 공동체 창출은 어디에서 찾을 것인가?

지금까지 우리 교육을 지탱해온 것은 현장 교사의 참교육에 대한 열정과 묵묵한 실천이었음을 염두에 두면 현장 교사들이 연대하고, 학부모와 시민과의 학교공동체를 구축할 때 그것은 불가능한 일은 아닐 것이다. 다만 그 길은 지금처럼 사토 마나부의 배움의 공동체를 매뉴얼로 삼아 모방해서 갈 수 있는 것은 결코 아니다. 사토 마나부의 배움의 공동체를 교조적으로 추수하는 것은 사토 마나부의 배움의 공동체에서 역사적·사회적인 문맥을 탈각시키는 것일 뿐만 아니라, 또 다른 배움의 공동체를 폐제하는 것이다. 이 책『아이들을 어떻게 가르칠 것인가』를 읽으며 우리 식의 배움의 공동체 길을 고민하고자 하는 것은 바로 이 때문이다. "지금까지 학교개혁은 단서를 찾은 단계에 지나지 않기" 때문에, "지금 필요한 것은 우리들 한 명 한 명이 '좋은 학교란 어떠한 학교일까'라는 물음을 계속 탐구해가는 것"이라는 사토 마나부의 물음은 바로 이를 말하는 것이 아니겠는가.

2011년 10월
옮긴이 박찬영

아이들을 어떻게 가르칠 것인가

초판 1쇄 발행 2011년 11월 11일
초판 4쇄 발행 2014년 11월 18일

지은이 사토 마나부
옮긴이 박찬영

펴낸이 김승희
펴낸곳 도서출판 살림터

기획 정광일
편집 조현주
북디자인 썸앤준
일러스트 이태수

필름출력 소망
인쇄·제본 (주)현문
종이 월드페이퍼(주)

주소 서울시 마포구 서교동 395-27
전화 02-3141-6553
팩스 02-3141-6555

출판등록 2008년 3월 18일 제313-1990-12호
이메일 gwang80@hanmail.net
블로그 http://blog.naver.com/dkffk1020

ISBN 978-89-94445-14-4 03370

삶의 행복을 꿈꾸는 교육은 어디에서 오는가?

미래 100년을 향한 새로운 교육

▶ 교육혁명을 앞당기는 배움책 이야기
혁신교육의 철학과 잉걸진 미래를 만나다!

 핀란드 교육혁명
한국교육연구네트워크 총서 01 | 320쪽 | 값 15,000원

 일제고사를 넘어서
한국교육연구네트워크 총서 02 | 284쪽 | 값 13,000원

 새로운 사회를 여는 교육혁명
한국교육연구네트워크 총서 03 | 380쪽 | 값 17,000원

 교장제도 혁명
한국교육연구네트워크 총서 04 | 268쪽 | 값 14,000원

 새로운 사회를 여는 교육자치 혁명
한국교육연구네트워크 총서 05 | 312쪽 | 값 15,000원

 교육은 사회를 바꿀 수 있을까?
마이클 애플 지음 | 강희룡·김선우·박원순·이형빈 옮김
352쪽 | 값 16,000원

 혁신학교
성열관·이순철 지음 | 224쪽 | 값 12,000원

 **비판적 페다고지는
세상을 변화시킬 수 있는가?**
Cho Seewha 지음 | 심성보·조시화 옮김 | 280쪽 | 값 14,000원

 행복한 혁신학교 만들기
초등교육과정연구모임 지음 | 264쪽 | 값 13,000원

 서울형 혁신학교 이야기
이부영 지음 | 320쪽 | 값 15,000원

 혁신교육, 철학을 만나다
브렌트 데이비스·데니스 수마라 지음
현인철·서용선 옮김 | 304쪽 | 값 15,000원

 혁신교육 존 듀이에게 묻다
서용선 지음 | 292쪽 | 값 14,000원

 미래교육의 열쇠, 창의적 문화교육
심광현·노명우·강정석 지음 | 368쪽 | 값 16,000원

 프레이리와 교육
존 엘리아스 지음 | 한국교육네트워크 옮김
276쪽 | 값 14,000원

 대한민국 교사, 어떻게 가르칠 것인가?
윤성관 지음 | 320쪽 | 값 15,000원

 교사, 선생이 되다
김태은 외 지음 | 260쪽 | 값 13,000원

 아이들을 어떻게 가르칠 것인가
사토 마나부 지음 | 박찬영 옮김 | 232쪽 | 값 13,000원

 아이들의 배움은 어떻게 깊어지는가
이시이 준지 지음 | 방지현·이창희 옮김
200쪽 | 값 11,000원

 다시 읽는 조선 교육사
이만규 지음 | 750쪽 | 값 33,000원

 대한민국 교육혁명
교육혁명공동행동 연구위원회 지음 | 152쪽 | 값 5,000원

▶ 평화샘 프로젝트 매뉴얼 시리즈
학교 폭력에 대한 근본적인 예방과 대책을 찾는다

학교 폭력 어떻게 만들어지는가
문재현 외 지음 | 300쪽 | 값 14,000원

아이들을 살리는 동네
문재현·신동명·김수동 지음 | 204쪽 | 값 10,000원

학교 폭력, 멈춰!
문재현 외 지음 | 348쪽 | 값 15,000원

평화! 행복한 학교의 시작
문재현 외 지음 | 252쪽 | 값 12,000원

왕따, 이렇게 해결할 수 있다
문재현 외 지음 | 236쪽 | 값 12,000원

▶ 비고츠키 선집 시리즈
발달과 협력의 교육학 어떻게 읽을 것인가?

생각과 말
레프 세묘노비치 비고츠키 지음
배희철·김용호·D. 켈로그 옮김 | 690쪽 | 값 33,000원

어린이의 상상과 창조
L.S. 비고츠키 지음 | 비고츠키연구회 옮김
280쪽 | 값 15,000원

도구와 기호
비고츠키·루리야 지음 | 비고츠키연구회 옮김
336쪽 | 값 16,000원

비고츠키 생각과 말 쉽게 읽기
비고츠키 교육학 실천연구모임 지음 | 316쪽 | 값 15,000

어린이 자기행동숙달의 역사와 발달 I
L.S. 비고츠키 지음 | 비고츠키연구회 옮김
564쪽 | 값 28,000원

비고츠키와 인지 발달의 비밀
A.R. 루리야 지음 | 배희철 옮김 | 280쪽 | 값 15,000원

어린이 자기행동숙달의 역사와 발달 II
L.S. 비고츠키 지음 | 비고츠키연구회 옮김
552쪽 | 값 28,000원

▶ 창의적인 협력수업을 지향하는 삶이 있는 국어 교실
우리말 글을 배우며 세상을 배운다

중학교 국어 수업 어떻게 할 것인가?
김미경 지음 | 332쪽 | 값 15,000원

이야기 꽃 1
박용성 엮어 지음 | 276쪽 | 값 9,800원

토론의 숲에서 나를 만나다
명혜정 엮음 | 312쪽 | 값 15,000원

이야기 꽃 2
박용성 엮어 지음 | 294쪽 | 값 13,000원

▶ 교과서 밖에서 만나는 역사 교실
상식이 통하는 살아 있는 역사를 만나다

전봉준과 동학농민혁명
조광환 지음 | 336쪽 | 값 15,000원

남도의 기억을 걷다
노성태 지음 | 344쪽 | 값 14,000원

응답하라 한국사 1
김은석 지음 | 356쪽 | 값 15,000원

응답하라 한국사 2
김은석 지음 | 368쪽 | 값 15,000원

즐거운 국사수업 32강
김남선 지음 | 280쪽 | 값 11,000원

즐거운 세계사 수업
김은석 지음 | 328쪽 | 값 13,000원

한국 고대사의 비밀
김은석 지음 | 304쪽 | 값 13,000원

주제통합수업, 아이들을 수업의 주인공으로!
이윤미 외 지음 | 392쪽 | 값 17,000원

광주의 기억을 걷다
노성태 지음 | 348쪽 | 값 15,000원

교과서 밖에서 배우는 역사 공부
정은교 지음 | 292쪽 | 값 14,000원

통하는 공부
김태호·김형우·이경석·심우근·허진만 지음
324쪽 | 값 15,000원

팔만대장경도 모르면 빨래판이다
전병철 지음 | 360쪽 | 값 16,000원

빨래판도 잘 보면 팔만대장경이다
전병철 지음 | 360쪽 | 값 16,000원

김창환 교수의 DMZ 지리 이야기
김창환 지음 | 264쪽 | 값 15,000원

영화는 역사다
강성률 지음 | 288쪽 | 값 13,000원

친일 영화의 해부학
강성률 지음 | 264쪽 | 값 15,000원

강화도의 기억을 걷다
최보길 지음 | 276쪽 | 값 14,000원

▶ 살림터 참교육 문예 시리즈
영혼이 있는 삶을 가르치는 온 선생님을 만나다!

꽃보다 귀한 우리 아이는
조재도 지음 | 244쪽 | 값 12,000원

성깔 있는 나무들
최은숙 지음 | 244쪽 | 값 12,000원

아이들에게 세상을 배웠네
명혜정 지음 | 240쪽 | 값 12,000원

선생님이 먼저 때렸는데요
강병철 지음 | 248쪽 | 값 12,000원

서울 여자, 시골 선생님 되다
조경선 지음 | 252쪽 | 값 12,000원

행복한 창의 교육
최창의 지음 | 328쪽 | 값 15,000원

▶ 정의로운 세상을 여는 인문사회 과학
사람의 존엄과 평등의 가치를 배운다

밥상혁명
강양구·강이현 지음 | 298쪽 | 값 13,800원

좌우지간 인권이다
안경환 지음 | 288쪽 | 값 13,000원

도덕 교과서 무엇이 문제인가?
김대용 지음 | 272쪽 | 값 14,000원

민주시민교육
심성보 지음 | 544쪽 | 값 25,000원

자율주의와 진보교육
조엘 스프링 지음 | 심성보 옮김 | 320쪽 | 값 15,000원

민주시민을 위한 도덕교육
심성보 지음 | 496쪽 | 값 25,000원

민주화 이후의 공동체 교육
심성보 지음 | 392쪽 | 값 15,000원

교과서 밖에서 배우는 인문학 공부
정은교 지음 | 276쪽 | 값 13,000원

갈등을 넘어 협력 사회로
이창언·오수길·유문종·신윤관 지음 | 280쪽 | 값 15,000원

오래된 미래교육
정재걸 지음 | 392쪽 | 값 18,000원

동양사상과 마음교육
정재걸 외 지음 | 356쪽 | 값 16,000원

수업과 교육의 지평을 확장하는 수업 비평
윤양수 지음 | 316쪽 | 값 15,000원

▶ 남북이 하나 되는 두물머리 평화교육
분단 극복을 위한 치열한 배움과 실천을 만나다!

10년 후 통일
정동영·지승호 지음 | 328쪽 | 값 15,000원

선생님, 통일이 뭐예요?
정경호 지음 | 252쪽 | 값 13,000원

▶ 출간예정

근간 **독일 교육은 왜 강한가?**
박성희 지음

근간 **파랑새를 찾아 떠나는 북유럽 교육 기행**
정애경 외 지음

근간 **혁신학교, 한국교육 100년 대계의 철학을 세우다!**
심성보 외 지음

근간 **교과서 밖에서 배우는 철학 공부**
정은교 지음

근간 **발달을 생각하는 교육**
현광일 지음